楊鴻銘著

文學叢刊

詩的自然組曲

文史哲出版社印行

國家圖書館出版品預行編目資料

詩的自然組曲 / 楊鴻銘著 . -- 初版 -- 臺北市：
文史哲, 民 108.05
頁;　公分（文學叢刊；403）
ISBN 978-986-314-466-3（平裝）

863.51　　　　10808089

文 學 叢 刊 403

詩的自然組曲

著　者：楊　鴻　銘
出版者：文　史　哲　出　版　社
http:// www.lapen.com.tw
e-mail：lapen@ms74.hinet.net
登記證字號：行政院新聞局版臺業字五三三七號
發行人：彭　正　雄
發行所：文　史　哲　出　版　社
印刷者：文　史　哲　出　版　社
臺北市羅斯福路一段七十二巷四號
郵政劃撥帳號：一六一八〇一七五
電話886-2-23511028 · 傳真886-2-23965656

定價新臺幣三二〇元

二〇一九年（民一〇八）五月初版

ISBN 978-986-314-466-3　10403

序

生活未必如詩，但詩中一定會有生活。只要活著，無論思想或肢體，自然會與外在接觸；人於不斷的接觸中，必有所動，必有所感；即使只是想像，甚至一個不經意的反射動作，也能瞧出現實的端倪。每一個人都是詩人，偶而都能講出幾句詩意的話；但將意念落實為文字，把字句推衍成作品，則須鋪陳。意念與詩、遊戲與作品，就在想與寫之間悄悄分野。

既然是詩，就有格律，依循格律才能像模像樣，這是傳統的想法。時至今日，語言、文字早已進化，詩體業已重獲自由，只要具有詩的意涵與一定的形貌，皆無不可。所謂皆無不可，並非無所不可；因為光怪陸離儘管搶眼，但唯有經過時間的淘洗，才能叫做作品。

口誦是讀，翻閱也是讀；詩要順口，音韻就得和諧。不可否認押韻的詩較為規矩，但只要讀來清暢自然，韻不韻並非重點。有人以工整的字句模仿古韻，有人以錯落的字句採用今語，有人則全然的自由、隨興的抒發。與其字斟句酌、逢韻必押，讀來油腔滑調；不如吐訴自然、深入淺出，讀後令人會心而有所感。當然，如能兩者兼俱，則是上品！

對於詩，並無太多的主張，只是寫我想寫而已。因有出版社想將幾首拙作攏進教科書中，所以一時興起，一口氣完成本書大部的作品。今謹將書交付出版，希望您也能喜歡！

謹識於臺北

詩的自然組曲　目次

第二章 禽 鳥

第三章 動 物

第四章 生 活

第五章　詩　論

第一章 花 木

一、桂 花

只在霜露之中樂活
從來不願與人較勁
花
自月亮的故事裡走出
優雅的開在枝葉之上

淺如鵝黃也黃得亮眼的金
是秋天喜悅的色彩
不要嫌花太小
成串成球正是富貴的象徵
即使從來不解風情的人

也能自隨著秋風報佳音的
香
分享一季歡愉

（中國語文702期、2015年12月）

二、茶 花

當愈冷愈開的梅炫耀如雪的花朵時
擎起一季美麗的山茶
則愈冷愈豔的在歲末的冬裡
綻放春天

鮮潔晶瑩的質感自然流轉
如夢如幻的繽紛處處旖旎
而所有漂亮的花型則紛紛聚於茶花園內同時招展
一朵一個驚奇
朵朵都是頻頻回首的徙倚
一眼一個美景
眼眼都是不凋不朽的倩影

何況像桂花又香逾桂花的芬芳
輕輕盈盈
早已在冷冽的空氣之中陣陣風行

何必長懷空想嚮往烏托邦
何須自我隔絕避居桃花源
只要一株山茶
世界馬上改觀

（華文現代詩8期、2016年2月）

三、蘭 花

根，浮於空中
將大地游離的能量攝取
骨，沒有
修長的葉子隨意一拂
風情便是千種萬種

清逸的幽遠的香氣
只有王者才配享受
恬謐的淡泊的習性
則是君子應具的風骨
因為雅素
本來簡居深谷、自在芬芳的小花
如今已被強迫入俗

（中國語文706期、2016年4月）

四、梅 花

雪，愈下愈多
蕾，愈結愈大
行人紛紛走避
唯獨花仍駐足寒冷的冬裡等待
等待綻放長年孕育的美麗

雪上的花朵如雪綻放
淡雅的芬芳飄散如雪
大地一片寧靜，只聞
文人在歌詠的詩文中鈎心鬥角
樂者在頌讚的旋律裡互競機心
畫家在用情的畫布上彼此較勁
從古至今
紛紛紜紜

（華文現代詩8期、2016年2月）

五、菊 花

尤其黃色
最常引起思古的情懷
每當秋風一起
東邊的籬下依稀有人徘徊

是直到日斜也不肯離去的元稹
還是賞花品花飲花的陶淵明
本來只是一群小花
只想與友鄰敘舊呢嚀
誰知道多情的詩人
莫須有的冠上逃世的罪名
從此花與隱者
一起活在詩文之中

（華文現代詩8期、2016年2月）

六、桃　花

瑟縮於冬的大地醒了
抖擻的春恣意如淌
將豔飄灑
嬌麗的花偎在蒼勁的樹上
迎著晨陽盛綻
盛綻一季粉紅的時尚

陶潛避難
躲進落花滿地的烏托邦
史遷覓辭
前往沉默的花下小徑徘徊
而罷職往遊西湖的袁宏道
則在綠煙紅霧、如痴如醉的迷失裡

忘了好友賞梅的聲聲叫喚
叫喚古往今來猶未清醒的夢幻

（中國語文709期、2016年7月）

七、櫻花

羞得滿臉通紅的花
在溼潤的水樣的空氣裡飄墜
像滿天的雨
怯怯的往下挪移
像紛飛的雪
左右款款的搖擺

偎著、擠著、疊著
鋪成一野分明的隨意的落
等待晨陽
一一吻別

（中國語文563期、2004年5月）

八、桐 花

初夏的雪不化不融
層層的葉堆疊如蓮
熠熠生輝
濃濃郁郁的美感
美在逸出北國冬景的遙想
春神依然停駐的傳言
伴隨梢頭點點如雪的白
整野瀰漫

街道也好，就是喜愛山坡
每天手拉著手
合力搭成一條賞花的長廊相迎
把人當做好朋友

（中國語文695期、2015年5月）

九、玫瑰

汲取情人的血
滋潤
把新鮮的絨麗的花朵
開在未曾改變的感性裡
等著男女

有情的世界
無法容進善變的心
枝上的小刺
忠誠守護
唯恐絲毫差錯

（中國語文557期、2003年11月）

十、百合

伸長脖子的喇叭
站在原野上
迎風吹號
吹白了嫩綠的
臉

無聲的芬芳
將沉睡的綠意
吵醒
紛紛探出頭來
看個究竟

（中國語文563期、2004年5月）

十一、杜鵑

張起翅膀
像蝴蝶閒靜的亮眼的
停著
奔放美麗

一樹一襲浪漫
一叢一季憧憬
包不了裹不住的春意
整個綻開
在歡愉的雀躍的讚美聲裡
氾濫
蕩漾一個
曾經

（中國語文563期、2004年5月）

十二、茉 莉

在春氣洋溢的三月
像一支彈射的箭
像一縷嬝娜的煙
從群英競吐的芬芳裡
逸出

花朵夠大、花色夠豔才叫美
自嘆弗如的小花
只盼倚著牆角爬到圍籬之上
將象牙色清甜的香氣
隨風飄送

（中國語文702期、2015年12月）

十三、牡丹

花蕾輕輕一吐
彷彿沉睡的女孩睜開眼來
大地頓時清朗
花瓣全數展放
則像標舉青春奔放熱情的美女
冶與豔
到處漫行

是美冠群英、也是風姿綽約的花
人們把它畫在紙端懸於壁上
以為只要朝看夕瞧
富貴就能得償
然而纖弱的枝條已在豐美的花朵下
搖搖晃晃

十四、水仙

根，結於水中
香，只是為了增加一點美麗
至於葉
則以拋物的線弧儘往水面低垂
他不愛美女
只愛自己

相傳喜歡臨水自鑑的少年

把他移置地面
就會顯得手足無措
戀水的植物並不愛水
為了擁抱貌美的自己

於是入水化為一株黃色的小花
每天楚楚的炫耀丰采

（中國語文702期、2015年12月）

十五、荷 花

滾圓的露珠
顆顆映著田田的綠意
閃耀一池盎然的晶瑩
把高擎的豔陽擋下
只剩清涼
在如沙如漠又如炙的大地之上
留下一畦還能喘息的綠野

四下儘管喧嘩
這裡還算寧靜
只嫌出泥不染、花如君子隨時爆裂的讚美聲
將昨晚流連池畔的濂溪吵醒
也讓一夜辛苦鳴唱的小蛙
不得夢蹤

十六、蘆 葦

閃著光芒
像一盞又一盞亭亭岸旁的燈塔
引導滿載的漁船歸來
像成堆成疊的白雪
與月相映
一路蜿蜒
隨時散發秋的訊息

等到風來
起自綠海的波濤陣陣騰起
齊在岸上洶湧
剎時將人捲入無涯無際的美麗之中
待一定神

如夢如幻、只能想像的感動
才正開始

十七、鬱金香

支支火炬
頂在頭上
不等太陽點火
已經燃出整地的絕美的
豔

融解冬的沉寂
還有更多繽紛的熱情
急著傳遞
荷蘭的國花
脫去舊名波斯的頭巾
走出土耳其

（中國語文563期、2004年5月）

十八、鳳凰花

像一群棲息枝頭的小鳥
張翅想飛
像朵朵舉向空中的火炬
乘著迷途於夏的微風
竄起

萬綠叢中一點紅
詩文驚為世上少有的美景
而已經成傘成蓋的豔
則於璀璨的陽光之下
燃出一地冶麗的浪漫

以鳥為名、總是被驪歌吵醒的花
其實能飛

（中國語文695期、2015年5月）

十九、阿勃勒

花，由淡而深由深而濃
一線線一絡絡一串串的在枝頭招搖
將本來鮮翠如碧的葉暈染
即使綠意交橫的草地上
依然黃金點點

點點耀眼的花
彷彿數以萬計的晨陽在微風的吹拂之下
爍爍閃閃
而黃色的美麗早已沿著蔚藍的晴空
大方開展

（中國語文711期、2016年9月）

二十、松（一）

把根竄入堅硬的岩石中
昂然站在苦寒的山上招展
不做爭奇鬥豔的賣弄
不學姹紫嫣紅的吶喊
只要它在
讚美即如春臨的蟄動到處言喧

翠綠的針葉刺破灰暗的天空
迎來一絲晴暖
而坎坷不屈的一生
則從斑駁的枝幹可以遍覽
說它蒼勁也好，說它挺拔也好
它只想說：活，不得躲閃

（華文現代詩7期、2015年11月）

二一、松（二）

為了挺拔
柔軟的腰幹已經筆直得僵了
為了蒼勁
細緻的皮膚已經粗糙得裂了
為了青翠
常綠的衣服已經忘記多久沒洗了

又是君子又是勇者
自從人們善意的賦予
樹，改變自己
興奮的以為自己本來就是如此
於是日復一日站在苦寒的山上
任憑風吹雨打

二二、楓

拿起畫筆
在秋的大地彩繪
有時綠裡透黃、黃紅交映細膩的妝點
有時大筆一揮
整片整片的火燃著晴朗的天空
恣意葳蕤

成熟的季節不用渲染
只是紅色卻已絕然的繽紛
在這炎夏已退、冬寒未臨的空白
且讓人們讚頌的聲音
沿著羞羞怯怯的葉
鋪陳

（中國語文695期、2015年5月）

二三、竹

只要求自己
絕不橫生枝節
有為有守的它
虛心接受雨露的滋養
一節一節兀自的往上長

根，釘在堅固的岩盤上
葉，輕輕撥弄偶而飄過的雲彩
沒有爭奇鬥豔的花朵
卻長年翠綠
縱使陶潛不愛、林逋不來
但在文人的渲染下
早與歲寒的松梅成為好朋友

（中國語文711期、2016年9月）

二四、柳

像雨絲淺淺的挪移
像裙襬緩緩的飄搖
它
只顧隨著春風揚起的韻輕舞

不是水仙卻孤芳自賞
並非蓮花卻常住水邊
儘管曾有纖腰無聊的比喻
也常聽到披靡惡意的批評
並不在乎
每天只想對著水裡的自己
低語

（中國語文711期、2016年9月）

二五、橄欖樹

是和平的象徵
是優勝者的冠冕
一株自希臘神話誕生的樹

雅典娜據以統治雅典城的信物
雅典人賴以生活的源泉
如今已經蔚然成林
每當樹上的綠寶石冷壓成油
幸福的氛圍就在你我身旁
洋溢
尤其在微風吹拂時
愛琴海的波浪也隨著扶疏的枝葉
輕輕漾起

（中國語文714期、2016年12月）

二六、菩 提 樹

長長的柄托住心形的葉
象徵時懸眾生的不捨
顫動的葉不停的翻轉
彷彿勸人行善的舌
秋紅的葉繽紛灰暗的街道
正是世事都有圓滿的時刻

自從釋迦牟尼在樹下成佛之後
人們開始禮讚歌吟
但樹不敢托大
樹只希望平凡的立穩腳跟
每天招展靜定的晴空
盡情灑下一地疏朗的蔭

（中國語文714期、2016年12月）

二七、臺灣欒樹

淺淺的黃含著嫩嫩的綠
才扭扭捏捏的立於人前
由淺轉濃的臉已經升起粉紅的暈
青春飛揚的兀自嫣然
熱力自然散發，熱情也已奔放
當如豔如火的花實於枝頭競麗爭妍
正式登場的美
已經瀰漫

有時枝上的小花燦如光芒
樹下飄落的花瓣遍地如淹
花將空氣染成一片澄澄的金黃
黃則於人的視覺中無限的延展

有時黃花仍在枝上
粉紅的果苞卻已映入眼簾
當黃粉紅熊熊於翠綠的樹冠時
那才叫做經典

把街道當做櫥窗，將山野視為背景
恣意美麗

一個花季一個人生
多彩的花色象徵多樣的意義
它是一棵令人期待的樹
乍看平凡無奇，花開立刻成為傳奇
只要秋天一到
大地處處驚喜

二八、稻

生在地上卻也親水樂水
隨和的個性仍然有所堅持
最好兩腳泡在水裡
否則茁長必定延遲

閃亮如金的粒實顆顆玲瓏
一莖莖一束束
風來如波如浪又如濤
湧起大地喜悅的豐足
如果評選秋季最美的風景
我想非它莫屬

（中國語文699期、2015年9月）

二九、橘

為何黃河一到壺口
馬上躁鬱的往下跳
為何長江一出三峽
逐漸心不在焉的將泥亂撒
難道又是環境異化

只是一水之隔
人的性情就可能改變
不要責怪歲末常綠的果樹
僅能將小小的果實呈現
因為遠在戰國的屈原
就曾用它比況自己的貞堅

(中國語文699期、2015年9月)

三十、蘋　果

彷彿雨後清新的原野
碧綠如洗
彷彿才臨青春的少女
嬌羞自抑
彷彿已經爬上山頭的晨陽
鮮豔欲滴

綠的粉的紅的果實
滿樹旖旎
隨時灑下可挹可取的豐饒
又如慶祝秋熟張結的燈霓
懸在樹上就是風景
放進盤中就成巧藝

何況高貴不貴的芬芳
正在愛的氛圍裡洋溢

（華文現代詩15期、2017年11月）

三十一、櫻　桃

紅得發紫是成熟的青春
紫得透亮則已呈現飽滿的歡顏
它
像魔術師的手
只要隨意嵌上
尋常的糕點立即洋溢可餐的秀彩

微酸的口感
彷彿春風料峭的寒意
打破甜才好吃的慣例
女孩的嘴唇
詩文時常把它借來形容
美得使人捨不得嚐一口的水果

如能走出酷冷的地帶
世界更值得期待

（中國語文699期、2015年9月）

三二、葡萄

透明的紫
競相展示飽滿的青春
粉嫩的薄薄的臉頰
輕輕用手一掐
馬上笑出水來

成串成串的典雅
別在大地胸前
更以
曲形的枝葉
襯托

（中國語文549期、2003年3月）

三二、香 蕉

人生恍如香蕉
先以橫的方式
平行依序排出
今天、明天、後天……
再以縱的次第
由上而下
垂直標明
今年、明年、後年……

愈是上層
太陽灌溉愈多
果實愈是亮眼
愈是往下

陽光疏於照顧
果實愈是卑微

直到
最後畫出一個包有
縱與橫、平行與垂直
而尚未成形
而並不完美的句點
留在風中

（中國語文557期、2003年11月）

三四、奇異果

絨絨的毛披在青褐的皮上
在如藤如蔓的枝葉之間高懸
不起眼的外表卻富含人體的需求
一個令人驚奇的橢圓

不必說必須種在火山灰的土壤之中
才有張力最大的果實呈現
不用講還得日夜有機的呵護
才能嚐到最緊緻的口感
難怪不是伯樂的中國故鄉
從無興趣瞧它一眼

直到移居地球的彼端

走入文明
蜕去野蠻
紐西蘭才以國寶的鳥名相稱

（中國語文699期、2015年9月）

第二章 禽 鳥

一、鴿

沿著兩點最短的直線
從不徬徨也不盲從
腦中自有羅盤的
飛

距離不是問題
信念才是唯一
遇山則越臨谷則掠
即使天已昏風已狂雨已驟
無懼

銜著希望
捎來愛與和平的橄欖枝

（中國語文696期、2015年6月）

二、鷹

沒有風
沒有雲
在孤絕的崖上
佇立

咻的一聲
直射天際
整片的蔚藍
飛成兩半天地

（笠詩刊210期、1994年4月）

三、雁

被寒冷追趕的鳥
沿著祖先約定的路線
年年信守承諾的
飛

如果迷惘
就由長者帶領「人」字的隊形
倘若風大
大家散成一排奮力齊翔
不怕
擺脫歷史傳書的糾葛
直向想像的棲地
飛

（中國語文700期、2015年10月）

四、燕

巢
築於人家的屋簷內
每當東風輕拂
短促的嘹亮的鳴聲
在大街在小巷在庭前
忙碌響起

戀家的鳥回來了

有人說銳利如剪的尾翼
正把春光一寸寸剪去
我卻講因為急著散播春來的

喜訊
只好低空的高速的掠

（中國語文696期、2015年6月）

五、鷗

怕森林的樹木太多
無法奔騰開朗的心
嫌原野的變化太少
不能馳騁無羈的想
一隻藍天為背大海為腹的鳥
鎮日都在海與灘之間樂活

時而俯衝時而盤翔
何必一定要有掌聲
這裡盡是無機的朋友
把海當做舞臺
不做鷹揚也不學鶴舉的演員
最愛乘著起伏的波浪
獻技穿梭

誰說森林才是唯一的窩

（中國語文696期、2015年6月）

六、鶴

人們對牠的認識
不是生活，而是詩文
縱使每年必有兩次長途出巡
仍然只能直向九皋的深澤或雲霄的長天覓尋

長壽的牠常被拿來當做吉祥的賀辭
唯獨不食人間煙火的林逋
才把牠與梅花視為妻孥
一起隱逸成伍

如果牠不唳聲長鳴
皎白的羽翼閃耀如雪的光華
修長的雙腳踩著自在的悠閒

就是一幅名畫

（中國語文700期、2015年10月）

七、雞

畫一道線讓無垠的夜不再蔓延
牠是晚間的塔燈
不用光
而以聲

守候，是牠對天地的承諾
不管風狂雨驟或波平浪靜
只要地球轉到一定的經度
它就大聲示警

可惜習以為常的人們
早已沒有感應

（中國語文696期、2015年6月）

八、鶯

像沿著海灣起伏的波浪
即興騰湧
像踩著節奏搖曳的裙襬
隨時悠揚
而穿過原野嘹亮的啼聲
則自牧神潘排笛的笛上
清脆響起

是飛出幽谷的喜悅
還是獨臨枝頭的自得
其實難解
喜在喬林穿梭如織的鳥
已在自然的五線譜上
飛出一首首迎春曲

（中國語文703期、2016年1月）

九、夜鶯

穿透已被黑暗禁錮的夜
歌
從遙遠的希臘謎樣的傳說
陣陣飄來

刺得愈深，歌聲愈美
刺得愈痛，歌聲愈甜
不管染血的玫瑰
是否依約綻放豔紅的花朵
捨身求藝的鳥
已在人類記憶的遐想中
佇立不移

（中國語文703期、2016年1月）

十、帝雉

隱於山林之中
不想與人相爭
於是只在天色未明或夜幕將臨的晨昏
踽踽獨行

藍黑的羽翼裹著血紅的臉頰
鮮麗的長尾迤邐綿長的美感
尤其身上圈圈白色的尾環
更是耀眼

響在空谷的啼聲已經夠人回味
至於美麗如謎、偶從林間閃過
的倩影
則成傳說

（中國語文700期、2015年10月）

十一、藍鵲

蔚藍的藍比天更藍
長尾的長比雲還長
雖然林中無人欣賞
卻也將紅塗在線條優美的啄上

飛，不可成群
唯恐遇襲
只能成行成列的前後相跟
顧家的鳥最愛臺灣
生於斯長於斯而遊於林
不棄不離
每天都樂在天倫

（中國語文707期、2016年5月）

十二、喜　鵲

只要看到
就能感受喜悅
只要牠在
就將身上的藍天白雲帶來
無風也無雨

也許人間太苦
所以人們才會有所祈求
祈求其實不必很多
如能瞧見一羽掃除陰霾的晴空即可
然而樂天自在、不染塵煙的鳥
時常隱入深林之中

（中國語文707期、2016年5月）

十三、麻　雀

呼朋引伴的吃
不分你我的玩
嬌小的身體藏著一顆滿足的心
從不奢談

不是喋喋不休就是啄個不停
整天蹦蹦跳跳
田野也好庭前也好
有枝就棲有遮就巢，絕不自命清高
誰說志向一定非大不可
快樂才最重要

（中國語文703期、2016年1月）

十四、鸚鵡

將春天的絢爛穿在身上
到處招搖
偏喜操著粗糙的口音
詰屈聱牙的學語學叫
話裡的意思不必理解
只要音像就好

講對也好，説錯也罷
性喜熱鬧的鳥
如果圍在身旁的觀眾夠多
就是成功的聚焦
是否還記得在澳洲山林裡鬥嘴的從前並不重要
因為人間一樣喧擾

（華文現代詩16期、2018年2月）

十五、烏　鴉

為了見證歷史
每天在倫敦塔上站哨
接受供養
牠是一隻神祕專情的黑色鳥
不但懂得忠誠
而且還能盡孝

能思能辨、智商本就領袖群倫
在英國是王室的象徵
一到中國
即使躲至夜夢之中
依然被人視為不祥
硬是給牠扣上聒噪的惡名

有時想起歐人嫌惡、中國卻拱為四大靈獸的龍
心裡還是不平

十六、天鵝

唯恐被人誤解
牠驕傲的伸長脖子
挺起胸膛

王羲之常拿作品換取的不是牠
牠能橫掠水面的飛
游泳也是牠的專長
但不在池塘，而是大湖
自從柴可夫斯基為牠編曲之後
喜歡跳舞的人
紛紛學牠

（中國語文700期、2015年10月）

十七、企鵝

鑽出大海的細痕
被波浪追趕上崖
不是黎明
卻挺著魚肚的白
自東邊升起
一路搖搖擺擺
天地也晃動了起來

（中國語文562期、2004年4月）

十八、鴕　鳥

以腳代替翅膀
隨時頂著笨拙的身體
在禽與鳥之間
在非洲沉默的大草原上
健步如飛

不做雀躍枝頭的醜態
不喜甜言蜜語的獻媚
裸著身子、只披一件黑色的短衫
從來不飛
飛，不見得快
牠以行動證明自然的定律絕對不是絕對

（華文現代詩16期、2018年2月）

十九、白鷺鷥

不理從前，不計未來
像雲
展開翅膀
在蔚藍的晴空之下飄蕩

把腳悠然的踩入水中
將蟲輕輕啄去
有牛相伴最好，沒有也無所謂
在清澄如鏡的水稻田裡
都是自己

遠遠望去
亭亭的雪白的蓮
朵朵盛綻歡顏

二十、啄木鳥

像蜂刺入花朵採蜜
把醫德掛在嘴上不停的
忙

用行動代替言語
愛，怎能深藏如蘊
森林是居住的家
怎能任憑蛀蟲傷損
從早到晚都在枝幹之上
看診

在大家雀躍競歌的同時
醫生「叩叩」的醫療聲
依然一聲聲

（中國語文707期、2016年5月）

二一、金絲雀

從凍結的空氣穿出
彷彿來自香格里拉的森林
天籟
清澈如水的滴在人們幻想的心上
早晨醒了

有時淺斟低唱
有時引吭高歌
巧手的琴鍵正好為牠伴奏
而唱入雲霄的美聲
也只配用來描寫
清淺的黃著在玲瓏的身上雀躍
好像隨時都想逸出樂譜的音符
牠是一隻喜歡唱歌的小鳥

二二、五色鳥

只發沉重的單音卻聲聲耐人遐思
只做短暫的飛行卻影影叫人注目
只棲漆暗的洞裡卻隻隻引人延頸

為了彌補
上天把整盒顏料給牠
可是塗黃塗藍、塗完頭頸之後
卻把全部的綠倒在背上

羞於見人的鳥，自此躲進樹冠層裡
害想一睹丰采的人
只能踮腳眺望

二三、杜鵑鳥

嬌小的身體
究竟懷藏多少祕密
為何總在花團錦簇的三月
哭啼

啼來離人依依的愁緒
啼醒遊子濃濃的鄉憶
春，正在「不如歸去」聲嘶力竭的吶喊裡
漸行漸移
而舊愁又加新怨的鳥
啼血已經淋漓

（中國語文712期、2016年10月）

二四、貓頭鷹

不但兩眼可以平視
而且頭也能夠靈活的轉
只因好奇

天下隨時都有新鮮的事情
錯過可惜
睡覺，白天再說
抵擋不了求知渴望的夜裡
必須用心的隱密的觀察
縱使飛，也得無聲無息

遠自希臘雅典娜的使者
如獸的鳥即以智者比擬

每晚將人類的智慧
「咕咕」的逐聲散逸

第三章 動 物

一、牛

錯落的腳印畫就成行的整致
沉重的步伐踩出盎然的綠町
怕大地的色彩不夠繽紛
嫌雲影的空白到處縱橫
又以龐然的身軀描繪一季金黃的
憧憬

用眼素描，用情揮灑，用心塗抹
不是畫家卻人人欣賞
不求表現卻景景感人

生平並不徬徨
如能泡在水中半天
就是天堂

（中國語文701期、2015年11月）

二、鹿

靜，時空彷彿隨著停止
動，馬上奔放狂野的熱情
一隻巧心設計的獸
一件巧手創造的藝術
正在綠草平鋪的坡地上
展示

説牠是馬，肯定別有居心
心有天下的人都想競逐
遠自詩經即已呦呦作鳴
如今
曲形的角仍在優雅的身上
娉婷

（中國語文697期、2015年7月）

三、象

只要走動，就是大事
如果彼此競行
則成萬馬奔騰也嫌遜色的
壯景

不屑玉樹臨風而溫文儒雅
身體笨重卻有靈巧的長鼻
吃喝用它，撿拾用它，還能當做長長的射管
射出頑皮的自己

天敵很少
如有，就是人類
只為生在嘴外早已暈黃的長牙
貪婪相隨

（中國語文701期、2015年11月）

四、獅

想學羚羊
釋放靈魂盡興的奔
想邀白兔
重拾童年忘情的滾

可是我一走動
眾人則皆躲避
我愈呼愈號愈吶愈喊
森林愈寧愈靜愈沉愈寂
從前引以為傲的威猛
如今反而禁錮自己

歐洲把我嵌成盾形的徽章

摩洛哥豢我做為王室的象徵
如能任我選擇
我只要引伴呼朋

（中國語文713期、2016年11月）

五、虎

粗獷的紋環在黃色的皮毛上
映入眼簾的不是美麗
而是恐懼
獨來獨往橫行林中的獸
沒有天敵

只消輕輕一吼
森林馬上沉寂
軍隊為得勝利
於是把牠描繪成旗
文字為求生動
所以拿牠遣詞造句
即使死了

將皮隨意橫擱在椅
仍然隱隱透著威儀

（中國語文713期、2016年11月）

六、豹

矯捷的健將
蟄伏森林
褐黃的毛上透著黑點
一旦伸展成紋
連風都得屏息

眼睛始終停在如豆的一點
箭躍而出
空中斑駁的身影
如果可以拆解
每一個瞬間
都是自然的美景

（中國語文549期、2003年3月）

七、狼

被人遺忘的地盤
來往放哨
一有動靜
立刻向前盤查
即使夜晚雪地恍如白晝
仍然一絲不苟

寂寞時
對著明月長嗥
家已忘了
唯有太陽東來晨訪
才能勉強捎得一些
溫暖

（中國語文557期、2005年7月）

八、狗

收起狂野的個性
隱藏嗜血的素習
每天跟前跟後亦步亦趨的
迎
有時撒嬌的賴在懷裡恣意溫存
有時勇猛的站在門前作勢嚇止
有人說是諂媚有人說是忠耿有人說是沒有自己
無妨
牠是人的家人
只是人隨時轉動的眼反覆無常的情
很難猜尋

（中國語文708期、2016年6月）

九、貓

因喜歡躺入柔軟的草堆
享受陽光
因時常偎在憐惜的腳旁
伸著懶腰
人們將牠當做寵物玩
早已忘了牠是獵捕的高手

人們以為什麼並不重要
牠想做牠自己
牠躡起手腳
輕如雨絲的走過屋簷走在牆籬走入陰暗的角落
尋
趴下身體

對著正在探頭探腦的小洞口
屏息

十、馬

從荒野到城鎮
從野蠻到文明
跑
是唯一的天職

為了報仇而甘被奴役的牠
自此為人先驅
在殺伐聲中衝鋒陷陣
在漆暗的夜裡縱身馳騁
無怨也無尤

牠已經跑得夠快了
可是
人們希望牠還能飛

十一、斑　馬

將黑白穿在身上
絕對分明
是非不分是混亂的根源
習於妥協的人類
應該學學

踩著規矩走路
過街才能安全
縱然沒有實體間隔
只要畫有虛線
就不得踰越

遠自非洲

人們把牠身上的條紋挪用
可是仍有彆扭的人
依然輕蔑

（中國語文713期、2016年11月）

十二、羚 羊

迅疾如風，輕盈如水
能跑能跳也能躍
成天成群在非洲的大草原上嬉遊
食物不是問題
如果沒有虎與豹
這裡就是桃花源

不喜賣弄也不善與人周旋
僻居一隅而自成寧靜的天地
生性害羞的牠
即使低下頭去吃草也會豎起耳來聆聽
如有一點風聲
馬上無影無蹤

（中國語文697期、2015年7月）

十三、綿 羊

綴於如茵的草原上的
點點白色
迤邐天際
恰與白雲的白
相連
白雲的白與白點的白
白成一片

（中國語文555期、2003年9月）

十四、袋　鼠

即使袋裡藏著愛心
仍能隨興的跳躍
兩腳跳出
四平八穩
一次跳躍
一個美麗的
弧形

（中國語文562期、2004年4月）

十五、松鼠

圓圓的身體
滑在圓圓的枝幹上
尾巴依然招搖
棕色的鼠掌
不是齒輪
卻整天匆匆忙忙

遠離泥土
藏身於參天的林木裡
啃著
一旦溜回大地
暴露自己
危險就得閃避

（中國語文577期、2005年7月）

十六、白 兔

草原上白色的天使
急著傳播福音
三步併做兩步
殷勤的
跳

彷彿翅膀被雪絨絨的毛
卡住
無法開展
使勁用力
紅了大大的眼睛
卻彈起一個柔柔的
圓

（中國語文577期、2005年7月）

十七、狐狸

形如殺戮戰場的森林
弱肉強食每天都在上演
逃
不是最好的方法

沒有孔武有力的軀體
只好運用頭腦
何況一身光澤亮麗的皮毛
猶如被詛咒的原罪
早已成為獵者覬覦的箭靶

如果是你
你將會更狡猾

（中國語文708期、2016年6月）

十八、乳 牛

用晴藍的藍天與翠綠的綠地
過濾
黑色的色素
逐漸褪去
身上不停流出
白色的
驚奇

（中國語文560期、2004年2月）

十九、猩猩

眼睛足以表露情感的白
沒有
渾身仍然覆蓋著粗硬的皮毛
鎮日在人與獸之間
徘徊

喜歡模仿卻拙於創造
能用工具卻以獵捕過活
是人的遠親，也是已被人類遺忘的自己
遠在五百萬年前
即已散居整個地球
如果當時不僅碩壯的軀體進化
今天拿筆寫詩的人
可能是牠

（中國語文701期、2015年11月）

二十、馴鹿

馴鹿
站在渾圓的山頂
抬起頭來
渾圓的天
破了兩個小洞
馴鹿的角
歧成一座森林

（中國語文549期、2003年3月）

二一、長頸鹿

是企想奔向嚮往的樂土
還是懷念遠方的故鄉
長長的脖子把頭翹起
整天眺望

淺黃的身體滿布深褐的斑點
它，從不低聲下氣
吃
也儘往樹梢的枝枒覓尋
管它腳下的綠草如茵如毯
不屑
牠不是仰人鼻息的彭澤
牠是徜徉山林的陶潛

（中國語文708期、2016年6月）

二二、北極熊

和大地融為一體
白，是唯一的顏色
毛毛絨絨龐然巨大的身體
即使晴天走在雪上
還是無蹤無影

看似憨厚，其實兇猛
喜愛獨居而不善交際
生活，就按春夏秋冬依序進行
很少更改
牠是奔跑獵食的健將，也是游泳撈捕的高手
難怪世人拿牠比喻曾經叱吒的蘇聯

回想從前為了躲避人群
不意走到地球的頂端
從此主宰雪地
成為人們口中的傳奇

（中國語文705期、2016年3月）

二三、臺灣黑熊

不學裝模作樣的憨態
不披終年寒冷的雪白
獨自住在臺灣茂美的山上
獨以自己的方式
標舉勝利

不是臃腫，而是健壯
不是漆黑如墨，而是烏亮如光
每天都在森林之中遊戲
牠也喜歡爬上爬下，爬到樹梢的蜂巢
摘取一點甜蜜
偶而挺起身來打聲招呼
朋友卻已嚇得落荒逃逸

（中國語文705期、2016年3月）

二四、澳洲無尾熊

不是鼠卻有袋子
不是鳥卻有爪子
將子將女細心藏在胸前
終日棲於高高的樹端
安眠

每天只以尤加利的樹葉裹腹
不再嗜血
生性慵懶、遠離同類的牠
並不孤獨
牠已經取代國旗
為澳洲得到更多的友誼

（中國語文705期、2016年3月）

第四章　生　活

一、禱

不捨才剛舒展的嫩葉
微風照例不停的吹拂
不捨正當綻放的花朵
晨陽早已悄悄的多臨
如果生命會有漣漪
希望漣漪隨即化做淺斟低唱的小溪
如果成長必須淬煉
懇求淬煉有如金石交擊的火花
瞬息即閃

未經茹苦含辛的孕育
不能締結晶瑩剔透的珍珠
沒有拍擊岩岸的巨浪
無法撼起目眩神搖的震懾
這些一再叮嚀的名言耳熟能詳
但當名言返回現實
苦難才正開始

第一次我心疼的流下淚來
我想不僅感同，而且還能身受
第一次我由衷的跪在地上
祈禱諸神一起賜福
賜福並讓所有的人類
不再受苦

（中國語文707期、2016年5月）

二、錶

把愛戴在手上
每天端詳
時間就像旋轉的圓
日出日落，周而復始
思念與時間一起在手上纏纏綿綿

汲取時間做為動力
時間有多長
思念就有多長
思念在時間的圓盤上煎炙
炙出手腕一圈愛的情傷

（華文現代詩15期、2017年11月）

三、春信

從路旁沿著山坡攀援
如茵如毯一路迤邐的白
相伴相偕
不是殘存山頭的冬雪
而是春臨大地的信約

花在滿山遍野之間喧嘩
喧嘩而成熱鬧的音節
嫩白淺白雪白沸騰的白你呼我應
齊在枝頭聲嘶力竭
而料峭的春意
早已隨著輕拂的東風到處撒野

似乎朵朵細膩如描
其實景景清新如洗
郎世寧筆下的花枯了
岑參一夜如花的雪融了
這裡
已將一切的美更迭

（華文現代詩9期、2016年5月）

四、春山

儘管已經醒了
但滿山枯黃的倦容
依然慵懶
還來不及舒展的新枒
擠在枝梢探頭探腦
窺瞧這個素未謀面的峰巒

點點的綠綴在遍地的黃裡
猶如晴空噴薄的雲
沿著起伏有致的森林
將整個山頭點燃
遠眺才被點燃的山頭
彷彿浮在迷濛的春海裡蕩漾

蕩漾出一片迫不及待的盎然
隱隱約約又歷歷分明
不是久旱忽逢甘霖的狂喜
而是始終繫念的熟悉
再次來到跟前
沒有漠然突兀的冷澀
滿眼都是親切的怡然
春
已在大地招展

（華文現代詩9期、2016年5月）

五、賞櫻

一襲襲如浪如濤澎湃的粉紅
一彎彎如玲如瓏別致的曲線
像不同時空的星群一齊閃爍
像林中交啼的鳥鳴同時迸濺
像多源的芬芳瞬間撲向鼻前
花在山林在原野上一片璀璨

料峭的春寒綻放美麗的旖旎
熟悉的夢幻敞開久違的浪漫
只是純粹的粉色彩卻已繽紛
沒有多餘的聲只剩美的吶喊
不用楓紅濃抹不勞白雪淡妝
熊熊詩情早已盜走迷醉的眼

短暫的絢麗藏著新生的喜悅
熱切的希望來自質樸的情感
一花一個驚奇一樹一道永恆
即使飄零成疊風情依然不減
逸出數大是美想像之外的花
可觸的可感的正在眼前上演

（華文現代詩14期、2017年8月）

六、彗　星

它不是掉在星系之外的恆星
它只是一顆穿越各大星系的
彗星

乍看多變，其實它有自己的軌道
出沒無常，卻也頻頻現身的彗星
有人向他許願
期許它能永遠停駐夜空
燦爛如陽
有人把它視為偶然掠過的流星
馬上就得在不見五指的暗夜裡
除名

想亮就亮，想閃就閃
當大行星、小行星環拱各自的恆星而日夜奔行
彗星正以不疾不徐的速度
逕在茫然無涯的天上
躊躇自如

（中國語文672期、2013年6月）

七、信使

被蘋果砸出萬有引力的牛頓
手持定律墾拓一片可栽可植的沃土
隨軍艦東航西澳的達爾文
眼窺進化而霎時打開人類掙離原始的祕史
因為新

新知，是思想與文明邂逅的火花
它像活在萬古長夜蒙昧無依的人們
得以瞧見幾許點燃希望的星光
新知，是進入文明唯一的快門
它讓源自東非四腳著地的人猿
傲然挺立為人
如今乍看知識爆漲、資訊漫溢的巨流

其實礁岩頻頻

誰能清除礁岩洶湧壯闊的河道
而不只是炫耀一時僥倖的穿過
誰能耕鋤繽紛風情的田野
而不只是採集一籃貌似農作的野果
如果我是傳達人間信息的使者
我將謹向上天稟告：很多

（孔孟月刊594期、2011年12月）

八、定律

夜雨寄北的雨聲遠了
床前明月的光輝淡了
時間的風拂來異樣的芬芳
洶湧的河流出屬於這個時代的
濤浪

像陽光臨照萬物的凜然
逐漸成為從前
像寸草傾靡春暉的渴望
已經很少盤旋
但掙破地殼如星如點的綠正在蔓延
蔓延而成橫溢大地的新顏

瞬間就是永恆
永恆卻於轉眼之間過氣
而新
則在亙古的巨流裡翻滾
翻滾出永恆唯一的條文

（華文現代詩11期、2016年11月）

九、想飛

未經蜂採的花最甜
未進體內的空氣最新鮮
深深的吸長長的呼
在海拔兩千的太平山
雲影是冷的煙嵐是冷的森林也是冷的
冷冷的氛圍將人整個沉澱

任思緒融進大氣之中
任靈魂逸入另次元世界
寂靜恬靜定靜
可以感受梢頭的綠意雀躍
可以傾聽搖曳的枝條呢喃
即使愣愣地發發呆，也是一種喜悅

空靈而非空白，空曠而非空虛
不用刻意地想，自然就有美好的想像
不必專注地看，眼前都是怡人的視野
移開壓抑，且把自己流放
我是穿越時空的伊卡普斯
已將翅翼輕輕擺蕩

十、情緣——王輝雄、黃淑貞伉儷的美麗情緣

揮灑解脫的自己南下旅行
手持樹苗將愛投影
小弟弟邱比特以問句將箭射出
愛於懵懵懂懂的青春裡萌生
情則獨鍾於親領弟妹搭乘火車的妹妹
怪只怪那兵召來得太匆匆

猶如腦中盛著羅盤的鴿
一遇有假可玩
馬上沿著若有似無又鮮明浮現的記憶
飛回伊人依稀提及的工作所在尋探
左看右瞧焦灼迷惘之際
彷佛早已前定的她就在跟前

有久別重逢的歡欣
有初嚐甜蜜的浪漫
隱隱的情愫醒了
一再滋長的情絲正式繫連
假期雖長當然不夠，歡笑再多仍嫌不足
美麗的愛情比翼翩翩

一趟旅程一個驚喜
一棵樹苗一襲愛情
是有緣千里來相會
也是心有靈犀一點通
一則令人豔羨的佳話
如風而行

十一、旁觀

(一)觀劍

自遙遠的地平線抄起
直向渾樸採取一點純真的記憶
又迎著蔚藍的長空悠揚的飛
切開紅塵削得一絲仍未改易的頑皮
時而起伏成波忘情的翻騰
時而左右乘翼自在的睥睨
而上下相隨、恣意承轉的腳
穩如泰山又輕於鴻毛靈巧的移

像矯健俐落的草書
看似無跡可援
其實字字可臨可摹

像筆觸分明的篆鐫
點線似乎都能模擬
但待提筆彷佛過眼的雲煙
沿著規矩游刃有餘的揮
自成風格暢然一氣的演
霎時點點成星，迸濺晶瑩
幻出一隅夜天

陡然一落，劍收身起
靜定寂寧好似一彎不著漣漪的潭
唯見無機的雲影正在空中
有意的流連
而耗盡眼力的觀者早已無力擊掌
只剩聲聲堆積如山的喝采擱置心田
留待日後打開話匣
興高彩烈的細說從前……

（中國語文695期、2015年5月）

(二) 觀　棒

睜大睜大再睜大
即使把身後仰把眼撐裂
也無法審視棒的蹤影
下切下切再下切
即使迅疾如閃橫掠如斷
也難以自棒的領空穿越

按表操練只是過程
走出自己才是能耐
一板一眼只好鸚鵡學語
亦步亦趨形同設障妨礙
唯獨暢快淋漓恣意的揮
才有神拋入雲的風采

眼睛逸出手腳之間返觀燭照

意念才能知其所以然而得其環中
好為人師不保證就能把書教好
好發議論不見得就能技領群英
當自以為是的人自以為的指著別人時
場中騰起的棒早已石破天驚

(三) 觀 扇

輕挪慢移的腳步步生花
花在地上即與的妝點
妝點出一襲襲優雅的倩影
影在招展的扇裡流轉
扇起扇掩習習的美感
則如霧如嵐的到處瀰漫
瀰漫的美感籠著大地
無瑕的情操已在場中紛繁

腳踩旋律而自然柔美
扇倚節奏而渾然成幻
本來閒靜無求的眼
一時盡向場中貪婪

不是整齊，而是一致
不是錯落，而是顧盼
起承轉合之間雲舒水捲
左顧右盼之際風情連連
是人隨扇子起舞？還是扇於手中蹁躚呢
迷醉的眼蹣蹣跚跚

十二、下　雪

儘管對雪有股莫名的親切
此地難覓蹤影
雪與我有如各自運行的行星
只能在想望之中寄情

曾目睹冰山刀削斧鑿磅礴臨逼的壯麗
曾親履冰原與天相從始終綿亙的無極
曾下臨冰河並上抵山頂直探大地的源起
在紐西蘭南島在蘇格蘭高地在奧地利的大鐘山上處處驚奇
有如翡如翠的森林、如波如濤的峰巒的臺北
相見無期

如星如點又如絲如縷悄悄的飄

蕩起一野謎樣的繾綣
如片如狀又如堆如疊款款的灑
搖曳而成一天美麗的夢幻
今晨皚皚的雪
盛裝的乘著北極渦漩盛情的恐後爭先
只是皎潔的色卻滿眼紛繁
已將這個缺憾填滿

臺北，正在雪中盤桓

（華文現代詩13期、2017年5月）

十三、因爲雪

為了一睹雪白的驚奇
為了腳踩銀色的夢幻
從都市從鄉村從遙遠的海邊蜂擁而出
直向彷彿著蜜的峰巒

上有峭壁下有峻崖
車在如澗的山路上鑽營
走走停停的人，張張望望的眼
綿綿密密的白，沸沸揚揚的情
一彎又一彎
一景又一景
景未賞盡
雪，早已瀰天如崩

親臨就成為天使
瞬間就進入永恆
酷寒的冬裡有期待的景
期待的景裡有逃逸的靈
今夜，七星山上萬籟俱寂
只剩人聲

（華文現代詩18期、2018年8月）

十四、合歡山

聳峙群巒的山一重重
似乎有盡，忽又無窮
跌落山罅的谷一座座
乍看無遮，其實深夐
綠，依勢披靡
綠，於天與地間恣意縱橫
一個離塵不遠卻勝似化外的境地
已在盎然的綠海中萌生

淺淺的色裡有深深的綠
深深的綠中有如墨的黛
彷佛迎風的水波遍地粼粼
又如散溢的翡翠無處不在

每當煙嵐冉冉騰升
每當晨陽爬出地平線外
滿眼的綠遍野玲瓏
情不自抑的靈魂也悄悄出寨

不必杜鵑爭奇鬥豔
不勞古木參天林立
無羈的草原在晴朗的長空之下
恬淡清麗
綿延的山野絕對純淨
純淨的景不只磅礴，而且大器
冷風輕漾的合歡山上
寧謐如棄

十五、淡水河

切開危巖峻崖
將爪無遠弗屆的抓取
悠悠的水幽幽的流著
自濫觴的荒瘠沿著臺北盆地蜿蜒
文明，就在這裡成形
車水馬龍的路、鱗次櫛比的屋、熙來攘往的人
從此日夜喧妍

鮮嫩的綠草漫入水中輕漾
晴空的白雲浮於河面嬉遊
四周一片寂寧
只有偶而掠過水上的飛鳥
才將整個大地撥彈如弦

而矗立兩旁的樓企踵延頸
彷彿喜愛臨水自鑑的納西瑟斯
終日儘往河面俯瞰
俯瞰歌舞昇平的從前

多少胼手胝足的血汗渲成繁華的繽紛
多少酒酣耳熱的奢靡蕩進記憶的深潭
而今只能切切呢喃
一樣的河與不一樣的人一起蹁躚
不停歇的流和著嶄新的文明同時洶湧
喜歡緬懷的人儘管歷歷如昨
但河照例向前

是臺北城生息的搖籃
也是臺北人甜蜜的糾葛
綿亙今昔呵護才甫三百餘年的臺北

始終又惜又憐
即使納入基隆河而成人字之形重返大海
河
依然頻頻回旋

（華文現代詩12期、2017年2月）

十六、漫遊者

明潔的天有晚禱虔敬的藍
璀璨的星則像遠地聲聲入耳的鐘
穿透張力早已臨界的夜
在沒有邊際的漆黑裡滅滅明明
任如煙如塵無掛無礙的腳
踩著匆匆的時光隨意西東

貼著森林的小徑把悠閒浪擲
從千篇一律的熟悉裡覓尋感動
燠熱擁擠的白晝暫時作別
人自輕拂的冷風裡甦醒
不勞蟲鳴鳥啼賣力地遊唱
因此刻有最恬謐的夜聲

不是避居華爾騰喋喋不休的梭羅
而是倚著威尼斯橋頭的尼采詩與翻騰
我走我奔我飛
我自由我自如我自縱
輕輕的把駘蕩的心情撩起
孤獨的喜悦頓時錚錚鏦鏦

十七、楓之喜

將樸素的原野遮掩
把繽紛的色彩輕耍
隨興取材自有無窮的巧思
隨地描繪勝似館藏的名畫
秋以紅為主軸的詩意
正在大地飄灑

款款跌落的葉慵慵懶懶
在山坡在街道在人們跟前層層堆疊
只容心嚮自然的人放情踩踏
地上的楓映著浮於枝條的葉
浮於枝條的葉對著晴空招搖
美在鮮活的秋裡熊熊燁燁

不是花卻比群卉亮眼
西風已起卻有不絕的生氣
多少春來不及賣弄的豔，就在這裡朗現
多少夏無法顧及的色，此刻已經補齊
只消一片
大地的熱情隨即四處竄逸

天使不在的森林，精靈最活躍
月亮懸缺的夜晚，星星最燦爛
當咄咄的蟬鳴不再聒噪
潺潺的溪水不再呢喃
何須在意
因為還有秋的楓紅可以期盼

十八、閱讀生活

舉起梵谷的眼
勾勒一幅普羅旺斯的美景
堆疊幾根枯枝
分享高第設計聖家堂時的心靈
傾聽微風輕拂
想想拉威爾的波麗露為何能因風聲而成形

抓住有限的青春
揮灑無窮的豪情
偶而攪動制式的規律
隨時要個飄逸的身影
老，就任它老
何妨臉上如刻的皺紋橫生

匆匆的歲月始終向前
人又那須反向逆行
生命雖然不可期
但生活卻能全然的掌控
與其羨慕青春飛揚的朋友
不如挾著滿心的愉悅縱橫

把偉大的叮嚀踢走
將平昔的謹慎齊扔
讓聲音自耳邊輕輕地滑過而不用在意
意念在腦際迅速地閃逝而不必撈盛
走一小段路啃一口麵包喝一杯咖啡
當下就是永恆

（華文現代詩20期、2019年2月）

十九、一代書傑 —彭正雄先生

根著於瘠土卓絕向上的苗
僻處陋巷中日復一日的長
茁長而成枝葉扶疏的大樹
蔭庇群術而在此熙熙攘攘
焦灼的學子彷彿枯井逢春
漸萎的文化又能再次張颺

只是默默的埋首自然不凡
不刻意標榜反而居於前導
慘澹的曾經早已甘之如飴
遙遠的夢想如今可見可瞧
即使年紀漸大了也不在乎
志在千里依舊奮力的狂飆

自謙一介平民因賤而能鄙
自許窮鄉子弟故諸苦畢呈
一磚一瓦一定親自的堆築
一書一冊從來不假手虛應
因為出版而浸淫於文史哲
有學有養水到渠當然洶湧

（華文現代詩19期、2018年11月）

二十、遠眺聖稜線

才自大霸尖山下來，隨即攀上小霸尖山
剛沿雪山北側登頂，南側主峰又在熱情的招引
連綿的山參差起伏一路掩仰
晃漾的情亦懼亦喜依勢遠颺
眼在星羅百岳的稜線上跋涉
身則彷彿出世未久的嬰孩
自在輕盈

全是翠綠，全然沉穩，全都磅礡
乍看連成一景，其實景景自有風情
明明僅與視線齊平，為何顯得如此峻榮
我凝注我專注我傾注的望
想將峰頂一眼瞧遍，又怕美景有所疏遺

人彷彿浮於嶺梢的雲影
欲行還停

有的輕描淡寫，有的恬淡如隱
心乘著想像的眼與山盤桓
山倚著無垠的長空盡情高聳
盡情高聳的山雄踞在聖潔的稜線之上
天與地一片空靈

（華文現代詩10期、2016年8月）

二一、德國萊茵河

沒有拘束的寬
不像左衝右突的溪處處碰壁
大小剛好的廣
不像一望無垠的海流離遷徙
河因優雅而顯得寧靜
無止的讚嘆已將船聲全然隱翳

湧動豐沛的生命
集所有的氣韻於一身
一個小鎮一個童話
一個小鎮連著一個小鎮
河在彼此綿延的童話裡
自然繽紛

是防禦羅馬的天險
也將德國的精神外挾
如果慘烈的歷史是詩
足以淨化人心的河就是畫
河沿著文明從容向前
文明則把美麗的傳説一一昇華

從前看守黃金的金髮美女
是否仍在水面嬉遊
相傳枯坐崖岸的羅列萊
甜美的歌聲可否依舊
我在萊茵船上靜靜佇立
覓尋如搜

二二、如果還有如果

如果彷彿漫飛的蝴蝶
每天慣性的隨意採集

一切傳說都能化為事實
所有童話的主角都是自己
人於如果之中過活
如果則連想像也難以企及
當如果真的呈現眼前
如果的「如果」又油然升起
無聲無息卻濃烈依然
人在如果與「如果」之間周旋成習
晴空的白雲張眼即能心曠神怡

但卻可望而不可即
如削如突的峰頂雖然聳入天際
只須腳踏實地
如果「如果還有如果」
大河至今只能濫觴如遺

二三、被月亮曬黑了

袪走冷冷的冬寒
飄灑寧謐的春氣
亮眼耀眼刺眼的光
自猶如驚蟄的眼眸燃起
渾圓的恣縱的青春
滿天迤邐

像熊熊的球蒸蒸騰騰
像失準的箭四處竄逸
不是溫柔而是熱情
不是破曉而勝似晨曦
人在可沐可浴可游的月下
欣然披靡

沒有陽光卻把我曬黑了
在今年最大最圓的月裡
久被緊裹驟然甦醒的心
隨著輕挪慢移的雲翩然展翼
而我迷醉的雙眼
則在月神黛安娜狩獵的林間細細尋覓

（華文現代詩17期、2018年5月）

二四、瑞士的長號角

悠揚樸實的長號聲
自長長的木管喇叭款款細說
像孤獨的鷹長空展翼
漫過連綿的峰巒和起伏的山坡
像蒸汽火車從容的走過
橫越空曠的草原和恬靜的溪壑
多少玲瓏的小屋在音符之中展示
多少美麗的故事隨著旋律而復活

時空彷佛在阿爾卑斯山上停格
美好的景致日日又年年
你我熟悉的長號角
幾百年來不斷的在這裡飛轉

是牛羊回家甜蜜的呼喚
是牧人彼此遠距的交談
是軍隊駐防或進擊的指揮
阿爾卑斯山上一曲曲生活的行板

只憑氣流就能吹奏樂曲
樂曲簡單卻能聲傳數里之外
蘇格蘭高地的風笛太高亢了
安地斯山過於唯美的排笛則如綵如帶
本色自然而不待修飾的長號角
才是阿爾卑斯真正的坦率
瑞士人民的自信與自豪
就從這古老的樂器裡散播開來

二五、阿爾卑斯的牛鈴聲

依著山勢起伏，又沿著公路蜿蜒
綠，看似柔美，其實壯闊
阿爾卑斯草原一片明朗
潔淨如水的空氣裡沒有多餘的雜粕
平緩如流的山坡上只有即興的農舍
乳牛白的黃的褐的黑的則映著綠地悠閒的斑斑駁駁

牛群雖然遠，還是清晰可見
鈴聲縱然小，卻彷彿就在近旁
是聲音與視覺巧妙的連結
或置身阿爾卑斯欣喜於宿願的得償
渾厚如濤的鈴聲陣陣逼人
而清脆的牛鈴則像隨想的曲子悠悠揚揚

因文化經文明長期的薰染
阿爾卑斯的氣息特別芬芳
想跑想跳想翻想滾的人
這裡並不恰當
如果光是駐足還不滿足
那就把心掛在遠處和著牛鈴一起叮叮噹噹

不必漫步於盧梭島探尋天賦人權的源頭
不用穿梭於鐘錶博物館看時光的擺盪
只要悅耳的牛鈴一聲聲
將飽含張力的原野蕩漾
已經離塵的你
自然會在瑞士的草原之上徜徜徉徉

二六、不一樣的濁水溪

有時灑於蕨上的露珠
猶如彩鑽似的點點晶瑩
將晨陽未臨的空白刺穿
有時彷佛進入永恆
在夕照的妝點之下
武界的溪床已是一襲夢幻的時空

像一幅幅大小不一的油畫
綠的黃的粉的紅的渲染而成一溪繽紛
像一塊塊形式無拘的織錦
又鈎又編又綴又結的在偌大的水面鋪陳
而冬末迫不及待的溪
總是情不自禁的預將春意狂噴

是因浮於水面的蕨變了顏色
還是人在此刻特別的多情
一樣的溪卻有不一樣的感覺
相同的水則有迥然而異的景
沿著淺淺的水流，走在寬寬的溪床上
心動如怦

不是即逝的流星卻也冬令限定
雖然匆匆一現卻也年年都長
湍急的水渾濁的溪
人們理所當然地習以為常
原來耳聞只能偏概
唯有目睹才能無偽的標榜

第五章 詩 論

一、多樣的思考

前路受阻時轉個彎，眼前就能柳暗花明；事有疑義時改變一下，馬上會有新的體會；思緒停滯時換個方向，也許可以豁然開朗。人每天都在生活，隨時都有經驗，經年累月自然形成一套行事或思考的模式。因為方便、因為可靠，甚至因為偷懶，不管情境如何變化，情景有所不同，人總是循著既有的模式以不變應萬變，尤其思考。思考的慣性一旦成形，翩然的翅膀不再高舉，思想在自我拘囿的圈圈裡，看似自在，其實自囚；唯有打破慣性的牢籠，伸出怯怯的觸角，重新探索這片應該熟悉的天地，思想才能恢復與生俱來的自由，所以

綴於如茵的草原上的／點點白色／迤邐天際／恰與白雲的白／相連／白雲的白與白點的白／白成一片（綿羊）

當不只在乎眼前的情景時，綿羊已從近處的草原擴及無垠的天際，並將天地

染成一片雪白。

用晴藍的藍天與翠綠的綠地／過濾／黑色的色素／逐漸褪去／身上不停流出／白色的／驚奇（乳牛）

乳牛則由遠方的藍天綠地，敘及近處乳牛流溢的一縷乳汁。有遠有近，意境自然寬廣。

因為人受思考習慣的影響，起心動念通常會以正面的題意優先，較少從反面、遠處或細微之處構思，忘了至少還有一半以上的空間可以恣意翻滾。換個方向，拓展思考的領域，也許更能深化詩文的內涵。王之渙登鸛雀樓：「白日依山盡，黃河入海流。欲窮千里目，更上一層樓」中的「黃河入海流」，雖然壯闊，但卻不如出塞：「黃河遠上白雲間，一片孤城萬仞山。羌笛何須怨楊柳，春風不度玉門關」中的「黃河遠上白雲間」來得撼動人心。

黃葉、紅葉／漸漸凋零／禿立的枝幹／自遠而近／帶來秋的訊息

當不只注意周遭的情景時，同以「秋」為題的詩，不管凋零的葉或禿立的枝幹，都在眼睛的平視裡淒迷。

楓紅是火／燃著山林／熊熊的秋／映在雲上／照亮黃昏的夕陽

本詩則抬起頭來，沿著山林的楓直達天上的雲和向晚的斜陽，別有一番立體的秋味。

因為站在大地之上，人習慣以平視的眼睛覽觀萬物，而忽略眼睛除了平視之外，還有立體的上下；社會除了自己之外，還有更多不一樣的別人；事物除了表象之外，還有難以窺測的內在。換個位置，增加思考的視野，可使思考更為周延。只是平視，視野太窄；只顧自己，也顯得侷促；何不仰觀天上的白雲，俯瞰清澈的溪流，並設身處地的為人著想，如果我是他，我可能會如何的想呢？王昌齡閨怨：「閨中少婦不知愁，春日凝妝上翠樓。忽見陌頭楊柳色，悔教夫婿覓封侯。」係從自己的角度起筆，勾勒內心的思念之情。杜甫月夜：「今夜鄜州月，閨中只獨看。遙憐小兒女，未解憶長安。」則以設身處地的方式，人我易位；不說自己想念，卻言妻子正在望月懷己，逕自臨照一隅有別於人云亦云的月光。

以腳代替翅膀／隨時頂著笨拙的身體／在禽與鳥之間／在非洲沉默的大草原上／健步如飛（鴕鳥）

當不只推想類似的情景時，鴕鳥以「飛」字描寫善走的情形，仍然屬於舊有的經驗。

是飛出幽谷的喜悅／還是獨臨枝頭的自得／其實難解／喜在喬林穿梭如織的鳥／已在自然的五線譜上／飛出一首首迎春曲（鶯）

鶯則把「鳥」比喻為「梭」，把「飛」比喻為「織」；想像在春天、在林中穿梭飛行的線是五線譜，並將五線譜與鳥鳴兩相結合，於是才有「迎春曲」可聽。由於質性相去甚遠，給人的感覺也不一樣了。

因為舊經驗是過往的、是熟悉的，葉是綠的、樹是呆立的；聯想所喚起的舊經驗，自然而然會先考慮同質的東西，除非有心的思考，否則葉如翡翠、森林相互攜手異質的語句，就難以呈現出來。換個質性，深化思考的嘗試，才能為自己得來一分新的驚奇。蘇軾東欄梨花：「梨花淡白柳深青，柳絮飛時花滿城。惆悵東欄一枝雪，人生看得幾清明？」以雪形容白色的梨花，仍在舊經驗的範疇之內。岑參白雪歌送武判官歸京：「北風卷地白草折，胡天八月即飛雪。忽如一夜春風來，千樹萬樹梨花開。」突然下雪是「忽如一夜春風來」，雪花滿天是「千樹萬樹梨花開」；以梨花綻放形容滿天飄飛的雪，因質性迴異而使人為之側目。

希臘的天空是晴朗的心／愛琴海的帆是悠閒的情／端著喜悅／昨日、今日、明日／一起細細的品（品茶）

當不再習以為常的採用四平八穩的辭法描寫情景時，品茶不說「晴朗的心如希臘的天空／悠閒的情如愛琴海的帆」，而以倒裝的隱喻描寫，悠然的畫面已在眼前。

當我行過麥田／我在麥草堆裡／用心行走／眼睛／早已醉了（當我行過麥田）

當我行過麥田，不說「用眼行走／心／早已醉了」而以移覺的辭法交錯，不是更有趣嗎？

因為修辭可以改變詞性，使詩文更為生動；可以移覺感官，使內涵更為豐富；可以渲染文意，使筆觸更為多彩。如能進一步以轉化取代比喻，以錯綜變化排比，或以誇飾來改易形容；換個辭法，活潑思考的理路，都能得到意外的效果。王安石題齊安驛：「日淨山如染，風喧草欲薰。梅殘數點雪，麥漲一川雲。」「日淨山如染」，不以轉化而以譬喻「染」字描寫綠意瀰漫的遠山，情景有詩有畫。張耒初見嵩山：「年年鞍馬困塵埃，賴有青山豁我懷。日暮北風吹雨去，數峰清瘦出雲來。」「數峰清瘦出雲來」，不以譬喻而用轉化「清瘦」來描寫，山不但峭拔，而且高岑，用字頗為精準。

太陽燃燒熱能，分分秒秒的把自己縮減／地球承載萬物，時時刻刻的將自己增胖／不變，只是安慰／變，才是唯一的永恆（永恆）

當不只從一己的觀點看待情景時，旁觀看似永恆的太陽和地球，隨時都在變化，而得知「變，才是唯一的永恆」。

不是蒼翠欲滴，而是鮮潔如水／不言起伏有致，卻也緩移如坡／嫩嫩的、淺淺的、

深深的綠／在寧靜如禪的草地之上／熱鬧喧嘩／人／一野悠閒（斜坡風景線）

斜坡風景線則自人群離塵出來，化做一個旁觀的第三者，所以才能「一野悠閒」。

因為出於象外的俯瞰，才能得其環中看得更為清楚；想像自己是個旁觀者，以第三者的眼睛由上縱觀紛繁的人事，或融入自己直接進入事物的核心，思緒才能多方的拓展。換個角度，改變思考的情境，也是值得嘗試的方法。王安石登飛來峰：「飛來峰上千尋塔，聞説雞鳴見日昇。不畏浮雲遮望眼，自緣身在最高層。」由於站在最高層，才能表達不畏浮雲、堅毅無懼的心。戴復古江陰浮遠堂：「橫岡下瞰大江流，浮遠堂前萬里愁。最苦無山遮望眼，淮南極目盡神州。」因在山上俯瞰江流，無遮也無擋，才能湧出深沉的傷痛之情。

如果丁尼森也説大海波濤騰湧、一碧萬頃，那麼俯瞰縐海而成鷹詩，就無法膾炙人口：

彎曲的爪鉤住峭壁／緊鄰於太陽的孤寂之地／牠在晴空的環抱之中／挺立

縐縐的海於下面蠕動爬行／牠在山上／伺機襲擊／然後雷霆似的向下俯衝

如果布萊克也和常人的眼光一樣，那麼極細極微的天真的預示，就不能共鳴千古的心靈：

一粒沙裡瞧見一個世界／一朵野花中有一座天堂／將無限放在你手掌上／永恆在一剎那收藏

慣性的思考有如固定的渠道，不待費心即能自如的運轉；但唯有大膽的把翼張開，以反面、遠方或細微之處的換個方向，以立體、內在或設身處地的換個位置，以燃取代火的紅、沸揚取代濃郁的香、嵌於腦中取代記在心上的換個質性，以全面改易轉化、錯落改易排比、渲染改易形容的換個辭法，以旁觀、第三者或化身為事物的換個角度思考等等多樣的方式思考，才能在思想無羈的天地裡翱翔，才能寫出屬於自己的詩文。

（華文現代詩16期、2018年2月）

二、密度與張力

密度，是採用某一語詞、字句或章節，使在某一義界、某一範圍之內的文字，意涵更為豐富，意思更為多樣。但豐富之後的意涵、多樣之後的意思，仍在原來文字的義界與範圍之內。至於張力，則是突破文字使用的慣性，從其本義向外擴張，使文字經由作者的巧思，而表達更多的意思、涵蓋更廣的範圍。密度與張力，一向內、一向外，乍看相異，其實也有相同之處：

簡潔，是密度與張力一致的要求；但密度的簡潔是內斂的，是在某一範圍或義界之內，寫出最多的意思；張力的簡潔則是外張的，是從文字本義向外拓展出更廣的意涵。如「萊茵河」：

> **華格納手上尼貝龍的指環／無法染指／時間的河／穿過兩次大戰／在絲毫無恙的海德堡／舊橋橋下古典的橋洞／悠閒聊著如果**

以「時間的河」的「時間」，敘其久遠；以「穿過兩次大戰」的「穿過」，敘其危險而又安然的度過；以「華格納手上尼貝龍的指環／無法染指」一節，藉華格納的歌劇，寫如同尼貝龍的指環，擁有無上魔力的兩次世界大戰，也無法加以破壞；以簡潔的文字敘密實的文意，這是密度。又，「在絲毫無恙的海德堡／舊橋橋下古典的橋洞／悠閒聊著如果」一節，以「如果」二字，寫海德堡如被轟炸、諸多無法想像的情形，這是張力。

明確，是密度與張力一致的要求；但密度的明確是具象的，是在某一義界或範圍之內，寫出具體、肯定而更豐富的意思；張力的明確則是印象的，是從文字本意向外拓展，寫出在具體之外、意象鮮明的意涵。如「萊茵河」：

> **萊茵的黃金／從太陽的眼中升起／閃閃發光／河底金髮的美女／爬到高高的岩上清唱／一再重演／「羅蕾萊」的美麗**

華格納尼貝龍的指環，寫萊茵河底藏有大量的黃金，本詩即以此一傳說做為開頭。「萊茵的黃金／從太陽的眼中升起／閃閃發光」一節，以「從太陽的眼中升起」，寫萊茵河底的黃金，在陽光之下燦爛閃耀的情形，這是密度。又，「河底金髮的美女／爬到高高的岩上清唱／一再重演／羅蕾萊的美麗」一節，以「一再重演」寫從古至今、從今至於無法知曉的未來，明確告知讀者，此一傳說將會繼續的流傳下去，這是張力。

深刻，是密度與張力一致的要求；但密度的深刻，是縱向的，是在某一義界或範圍之內，從點深入的描寫；張力的深刻則在縱向之中加入橫向，是從文字本義向外拓展，從點而及於面的描寫。如「萊茵河」：

橋上行人的影子／掉在河裡／淨化出德國樸質的個性／河裡除了澄澈／滿滿都是海德堡古老的建築／依序排列／沿途展示

河／朝與野蠻相反的方向／繼續向西／新的藝術、科學與文明／從此流出

「橋上行人的影子／掉在河裡／淨化出德國樸質的個性」一節，以「掉」字活化映在水面的情形；以「淨化」描寫萊茵河對德國人民的影響，可以使詩在生動之中自然深刻，這是密度。又，「河／朝與野蠻相反的方向／繼續向西」一節，以「繼續向西」寫萊茵河對歐洲文明的貢獻；「新的藝術、科學與文明／從此流出」一節，以「從此流出」寫萊茵河對世界文明的貢獻；詩在河的流動之中，展開人類新的文明，這是張力。

周延，是密度與張力一致的要求；但密度的周延可以是填實的，是在某一義界或範圍之內，填入更多的字句來增加密度；張力的周延則是泛溢的，是從文字本義延伸出更多或更大的意或境。如：

霧／把天與地接在遠方／像銀瀑由上往下飄灑／揚起朵朵浪濤／像白河由北向南搬移／整地氾濫／像晨風似的踩在草端上／玩耍（霧）

偎著、擠著、疊著／鋪成一野分明的隨意的落／等待晨陽／一一吻別（櫻）

連以「像銀瀑由上往下飄灑／揚起朵朵浪濤」、「像白河由北向南搬移／整地氾濫」、「像晨風似的踩在草端上／玩耍」三個譬喻，填實「霧／把天與地接在遠方」的情形，這是密度。又，「偎著、擠著、疊著／鋪成一野分明的隨意的落」一節，以「落」字寫滿地都是落花，落花之多，似乎一眼不盡，這是張力。

強化，是密度與張力一致的要求；但密度的強化是加意的，是在某一義界或範圍之內，加上一些字詞來強化原來的詩意；張力則是展意的，是從文字本義拓展出去的意或境。如：

透明的紫／競相展示飽滿的青春／粉嫩的／薄薄的臉頰／輕輕用手一掐／馬上笑出水來（葡萄）

我以哥白尼的無懼／航向前去／心／掛在遠方（航）

在「透明的紫／競相展示飽滿的青春」之外，加上「粉嫩的薄薄的臉頰」一節，可以使詩在擬人的描寫中，更為鮮明，這是密度。又，「我以哥白尼的無懼／航向前去／心／掛在遠方」一節，「心／掛在遠方」，把自己對未來的憂慮，以內在的「心」，具象的「掛在遠方」，將「掛心」一詞向外拓展，這是張力。

對內的密度與對外的張力如能同時加強，使詩文在密度密實的文字上，極度拉大張力，則其作品必能兼具豐富而耐人尋味的意涵、寬廣而使人感動的意境。

（孔孟月刊492期、2003年8月）

三、色彩與聲音

色彩是視覺的，是感官的，是人以認知的、繽紛的顏色為主，透過眼睛或心靈的感受，而呈現在眼內的視網膜或想像的腦海中。凡是文學，必有描寫；凡是描寫，必與色彩有關；尤其著重於描寫的新詩，更是如此！色彩有時是單調的，有時是融和的；有時在具體的事物之上，有時則是抽象的想像或聯想。不管色彩的顏色或形式為何？驅遣文字，將色彩鮮活的移植在紙面之上，才能重現自然的景觀，並分享作者心坎深處的影像。如：

只是墜落／不是凋零／大地張開臉來／露出／新的、綠的喜悅（雨）

「露出／新的、綠的喜悅」，是因雨水從天上掉下來，打醒已經乾枯許久的大地，而使原本藏在土裡的種子發芽了。「新的」，指新芽，是事物；「綠的」，則是新芽直接敘述出來的顏色。天是藍的，樹是綠的，將事物本來的顏色，直接以顏色的名稱敘述出來，這是本來的色彩。

足與藍天抗衡的色／長在樹上／風來飄搖／搖出人對自然最初的／印象（綠）

「足與藍天抗衡的色」是什麼，並未明講：「長在樹上」，樹木雖然也有其他的顏色，但在正常的情形之下，一般都是綠色。以「長在樹上」、具體的「樹」

來替代直接的敘述，這是替代的色彩。

像一群棲息枝頭的小鳥／張翅想飛／像朵朵舉向空中的火炬／乘著迷途於夏的微風／竄起（鳳凰花）

鳳凰花開在樹上，「像一群棲息枝頭的小鳥／張翅想飛」；鳳凰花色則「像朵朵舉向空中的火炬」，以「火炬」譬喻鳳凰花鮮豔的紅色。

支支火炬／頂在頭上／不等太陽點火／已經燃出整地的絕美的／豔（鬱金香）

整片紅色的鬱金香，燦爛熱情的向上綻放著，遠望過去，好像一處正在燃燒的美景。詩以並非顏色、而是感覺的「豔」字：「已經燃出整地的絕美的／豔」形容；除了顏色的描寫之外，還有人的感覺。

羞得滿臉通紅的花／在溼潤的水樣的空氣裡飄墜／像滿天的雨／怯怯的往下挪移／像紛飛的雪／左右款款的搖擺

將小小的櫻花，一群一群簇在一起，聯想成女孩害「羞」的樣子；把粉紅的櫻花，一瓣一瓣展放開來，聯想成女孩因害羞而「滿臉通紅」。因此詩以「羞得滿臉通紅的花」，來比擬櫻花的顏色，這是聯想的色彩。

閃電厚實的光／聚在枝頭／細雨漂洗／洗出久被遺忘的／純潔（茶花）

閃電的光，是白色的；閃電如具質感的光，是厚實的。白色的茶花、花色潔白、花瓣厚實，好像是由閃電的光聚集而成，因此詩以想像的手法：「閃電厚實的光，聚在枝頭」描寫茶花，這是想像的色彩。

音樂是時間的藝術，是由決定高低與長短的音符組合而成。文學則是意象的藝術，是由表達聲音、色彩或意思的文字組合而成。音樂將音符精準的寫在五線譜上，才能演奏出優美的旋律；文學則應把常見的文字，巧妙的加以綴結，才能創作出典雅的作品；尤其新詩，更是如此：

可供透氣的歇的息的空的白／即使一隙／地球已經均衡（留白）

在音符的上方或下方加註黑點，使線上的音不但變短，而且個個獨立，叫做斷音。在文字上，可以加入助詞「的」、打上頓點「、」，或乾脆在字詞之上各缺一格的方式來表達。所以本詩「可供透氣的歇的息的空的白」的「歇、息、空、白」四字之上，各自加入一個助詞「的」字，不但使詩讀來字字鮮明，且與詩句「歇、息、空、白」的意思相吻相合。

也呵也護也疼也愛也憐也惜／彷彿陽光溫潤大地／唯恐不夠／每天一定高高懸著／不讓烏雲遮來（父與女）

單純拍子時被三等分，或複合拍子時被二等分，叫做連音。在文字上，可以在字句之間加入連詞「也」、「或」、「與」等字，製造意、境或情感綿長不絕的趣味。所以本詩「也呵也護也疼也愛也憐也惜」的「呵、護、疼、愛、憐、惜」六字之上，各自加入一個「也」字，一氣相連，已將父母照顧子女無微不至的情形，和盤托出。

> **像跨年直射長空的煙火／競從料峭的寒裡擎出／像過節怒放心花的蜂炮／忘情的在春天醺然的醉裡／滿地穿梭／像突然彈自林間的螢火蟲／遠遠的逸出一彎遐想的／綠／雲的雲影霧的霧絲水的水氣露的露珠／都在這裡徜徉**（斜坡風景線）

為了抑揚樂曲而將某音加重，叫做重音。在文字上，可以加重某一字詞的分量，而使詩意更為鮮明，所以本詩先以煙火、蜂炮、螢火蟲喻寫綠草茁長的情形；然後再以「雲的雲影」、「霧的霧絲」、「水的水氣」、「露的露珠」在此徜徉，極度加重「綠」的分量。

> **不是避居華爾騰喋喋不休的梭羅／而是倚著威尼斯橋頭的尼采詩興翻騰／我走我奔我飛／我自由我自如我自縱／輕輕的把點蕩的心情撩起／孤獨的喜悅頓時錚錚鏦鏦**（漫遊者）

為了表達強烈的情感，而將某音特別加強，叫做強音。在文字上，可以把上文語句的某一字詞，單獨提煉出來，強化此景或此情某一特殊的部分；或以某些關鍵的字詞，來加強自己特殊的感受。所以本詩「我走我奔我飛」、「我自由我自如我自縱」，先以「我」強化無拘的心情，然後再以「孤獨」與「我」相映，遞進詩意，而將無拘的心情整個昇華上來。

藍道山的悠閒／擋去風雨／踩在訪客／藍白的雲、藍綠的樹、藍灰的橋的腳下／一步一個記憶／步步都是小城難忘的／回憶（班夫）

以弧線將兩個以上、音高不同的音符連結起來，演奏時不但不能中斷，而且必須力求圓融，叫做圓滑音。在文字上，可以某一景、某一情或某一字眼為主，一意貫串到底。所以本詩「藍白的雲、藍綠的樹、藍灰的橋」句，各以「藍」字為主，描寫白雲、綠樹、灰橋因在晴朗的藍天之下，各自染上「藍」的色彩，而使白雲變成「藍白」、綠樹變成「藍綠」、灰橋變成「藍灰」；不管白雲、綠樹或灰橋，都在「藍」的主調之下，圓滑呈現。

以文字表現的文學，雖然不如眼見的繪畫、耳聆的音樂來得直接，但卻可以經由形容、經由修辭、經由聯想、甚至經由想像，而將眼前的聲的音的物的景，重現在紙面之上，使讀者透過一行一行的語句、沿循一字一字的筆端，藉著作者的眼睛，將自己不曾有過的經驗、不曾有過的想像，如眼親睹、如耳親聆一般的瞧見、的聽到，忘我的投身於此情此境之中，並熱絡的將自己的身與心，完全參與！

（孔孟月刊520期、2005年12月）

四、新詩的描寫

描寫，如僅停在原地打轉，而未成景、成境的拓展，描寫只是一截修飾美好的字句，而無任何意境可言。所以王禹偁村行：「馬穿山徑菊初黃，信馬悠悠野興長。萬壑有聲含晚籟，數峰無語立斜陽。」從菊黃的「徑」寫到興長的「野」，從興長的「野」寫到有籟的「壑」，從有籟的「壑」寫到無語的「峰」與斜立的「陽」，已將夕陽西下的景，寫成一境。描寫，如僅停在表象，而未深入此情此景之中，描寫將在層面之上頓住，而無意蘊可言。所以馬致遠天淨沙秋思：「枯藤、老樹、昏鴉，小橋、流水、人家，古道、西風、瘦馬；夕陽西下，斷腸人在天涯。」如果去掉「夕陽西下，斷腸人在天涯」兩句，黃昏之景美則美矣，但就全曲而言，可能無法將人們內心深處的弦索觸動，修辭也是如此！

如果譬喻只是「如怨、如慕、如泣、如訴，餘音嫋嫋，不絕如縷」，而無「舞幽壑之潛蛟，泣孤舟之嫠婦」兩句；轉化只是「銜遠山，吞長江」，而無「浩浩蕩蕩，橫無際涯」兩句；象徵只是「半畝方塘一鑑開，天光雲影共徘徊」，而無「問渠那得清如許，為有源頭活水來」；移覺只是「（遠近的炊煙）彷佛只是朝來人們的祈禱」，而無「參差地翳入了天聽」，不但其景沒有景深、其意沒有意蘊，而且其境也難以形成。因此所謂的辭法，不應只以基本的形式，如「甲像乙」呈現，而應再以「甲像乙」之後的「乙」為主體，一路鋪陳下去，才能寫出鮮活淋漓的意境。

天是蘋果的綠／天是一杯綠色的酒，從陽光之中舉起／月則是金色的花瓣，在酒裡沐浴

她把雙眼睜開，眼的光彩也是綠的／純淨得有如初綻的花朵／此時，人們才首次得以目睹（勞倫斯綠）

譬喻之後，以其用來譬喻的「喻體」代替主體，一路鋪陳下去；或以「喻體」為主體，再次加以譬喻，詩意才能深廣。所以首段「天是蘋果的綠」，純以隱喻描寫：「天是一杯綠色的酒，從陽光之中舉起」、「月則是金色的花瓣，在酒裡沐浴」，已在譬喻之中加入轉化的辭法；首段的譬喻，只以基本的形式呈現。二段「她把雙眼睜開，眼的光彩也是綠的」，雙眼閃出令人愉悅而像綠意一般清新的光彩；譬喻之後，詩人更以此一喻體為主體，繼續用「有如初綻的花朵」譬喻「純淨」的情形、且用「純淨得有如初綻的花朵」譬喻已被當做主體的「喻體」：「眼的光彩也是綠的」，因此詩在純淨之中，一片清新。

柔美的歌聲已經消逝了／樂音卻仍然在記憶中縈迴／紫羅蘭的花即使枯了／芳

香卻仍然在意識裡溫存
玫瑰花一旦凋謝／落寞將堆成戀人的床帷／你離去之後想念你的思緒／應該是愛情在上面安穩的睡著（雪萊給）

轉化之後，以用來比擬的「擬體」代替主體，一路鋪寫下去，詩意才能深刻。所以「玫瑰花一旦凋謝／落寞將堆成戀人的床帷」：人的「落寞」，卻堆成物的「床帷」，屬於轉化。轉化之後，先將「你離去之後想念你的思緒」的「思緒」，從「人」分離出來，讓愛情在思緒之上安睡「應該是愛情在上面安穩的睡著」，再次轉化，而使詩於愛情在思緒上安睡—整個思緒都在想念愛情，有如戀人在落寞上安睡—整個人都陷入落寞之中；詩的意涵綿密，詩的情味無窮！

所有的山的頂端／沉靜了／所有的樹的梢頭／都不見／些許的風影／小鳥在林裡無聲無息／等等，不久／你也將安靜了（歌德漫遊者的夜歌）

象徵之後，以其用來象徵的「徵體」代替主體，一路鋪寫下去，詩意才能深遠。所以「所有的山的頂端／沉靜了」、「所有的樹的梢頭／都不見／些許的風影」、「小鳥在林裡無聲無息」，無論遠處的山頂或近處的林裡，都已沉靜；除了夜已籠罩之外，並以「沉靜」的「靜」字，象徵有如白天、能動能活短暫的生命，很快的就將歸於寂靜—死亡，所以詩末才有「等等，不久／你也將安靜了」，直承上文三個「靜」的意象，而將「靜」字嵌入人生的無奈裡。

黃昏的近晚／我在橋旁佇立著／歌聲，從遙遠的地方傳了過來／像點點的金光迸出／從粼粼的水面掠過／小船、燈火、音樂／如酣如醉的在昏暗的暮色裡漂著

我的靈魂像一張琴／被無形的手指撥彈／暗暗獨唱一首小船的夜歌／為多彩的幸福而顫抖／有人在聽嗎（尼采威尼斯）

移覺之後，以彼感官的描寫代替主體，一路鋪寫下去，詩意才能深切。所以「歌聲，從遙遠的地方傳了過來／像點點的金光迸出」，係以視覺「像點點的金光迸出」，描寫聽覺「從遙遠的地方傳了過來」的歌聲，屬於移覺。移覺之後，下文續以移覺的描寫「像點點的金光」為主體，鋪寫歌聲迸出之後，「從粼粼的水面掠過」的情景；有景有致，有具象的詩意，也有如畫的美感。

韋瓦第四季協奏曲的「春」第一樂章，先用第一、第二小提琴分別模仿「小鳥悅耳的鳴叫聲」；再以獨奏與合奏的方式，將「微風的低語」與「潺潺的流水」逐次描寫；再以低音合奏的「春雷」與高音獨奏的「閃電」，組成第三小節；末以「春天的喜悅」回到樂端「小鳥悅耳的鳴叫聲」，結束這一樂章。以時間藝術的音樂，具體描寫空間自然的美景，這是音樂直接描寫的古典時期。

貝多芬採取幻想曲風的形式，譜寫而成鋼琴奏鳴曲「月光」。先以綿延不絕

的三連音，即興的抒情的彈出歌謠一般的旋律；彷彿皎潔的月光，輕輕撫觸早已沉入夢鄉的原野；彷彿乘著月光，在瑞士如夢如幻的琉森湖上，搖曳著、蕩漾著小舟，所以詩人達斯霍布的比喻一出，「月光」之名不脛而走，這是音樂想像描寫的浪漫時期。

德步西揚棄古典樂式的標題，而以印象主義的手法，將情境原有的氣氛或人對於事物的印象描寫出來，而完成「印象」三首曲子。「印象」的第一首「倒影」，以纖柔細緻的琶音，描摹繪畫才看得到的光影；並以輕快疾急的樂句，將臨景才能目睹的光與影嬉戲的情形表現出來，這是音樂意念描寫的印象時期。

直接描寫，有具體的形貌，因此聽者只憑音符，就能輕易的欣賞；想像描寫，有模擬的樣子，因此聽者必須透過聯想，才能掌握樂者塑造的情境；至於意念描寫，則將人對事物、或人在此情此境之中的印象，表現在五線譜上，因此聽者必須體會樂曲的情思，才能一窺樂者創作當下的感受。至於文學，最直接、最具體的表現，就是兩眼所見的情景；因為情與景巧妙的描寫，而使本來只是線條的文字，頓時繽紛熱鬧了起來。

（孔孟月刊563期、2009年8月）

五、新詩的聲韻

擺脫古詩的糾葛，走出屬於這個時代的新詩，不用必押古韻的回到從前，也不再字字嵌填平仄的飽受束縛，只要具有詩的意涵與形貌，就能表抒而成作品。不限平仄與押韻的新詩，只要讀來清暢自然即可；但如能在偶數句押韻，在聲韻上稍微講究，應該會給讀者另一種感覺吧：

一、古韻與今韻

㈠古韻：古詩詞採用的古韻，雖然早已時過境遷，但還是有人喜歡。新詩由於字句自由，可以句的長短舒緩或緊湊詩的語氣，可以在句中以聲調調節音的抑揚，所以即使所押的是古韻，但讀起來的趣味一定與古詩有別。如「飄泊」：

藏起滾燙的太陽
以雪白的白雪發光
相堆相積相重相疊的雲
橫成一天慘澹的堅實的牆
擋去春夏

任綠凋**黃**

一、二、四、六句的陽、光、牆、黃押平聲七陽韻，但詩句加長至「橫成一天慘澹的堅實的牆」後，突以短促的「擋去春夏／任綠凋黃」戛然而止，詩意跌宕。

(二)**今韻**：時至今日，同時含有平上去入四聲的古韻，雖然大部都能在臺語之中尋得，但臺語畢竟不如國語普遍，古韻的入聲也在國語的音讀裡消失了。以隨口而出的語言，寫眼前所見的情景，採用今韻已經成為趨勢了。如「楓」：

成熟的季節不用渲染
只是紅色卻已絕然的繽**紛**
在這炎夏已退、冬寒未臨的空白
且讓人們讚頌的聲**音**
沿著羞羞怯怯的葉
鋪**陳**

二、四、六句的紛、音、陳，押國語「ㄣ」韻。詩分前後兩節，前二句寫繽紛的楓紅，後四句寫人們的稱頌。雖然字句不一，但因有韻，所以讀來也能朗朗上口。

二、字句與聲韻

㈠**工整同韻**：以相同的韻母做為全詩的韻腳，以一樣的長短抒寫感受的情景時，詩句雖然工整，但因不限平仄與字詞巧妙的運用，所以詩在活潑的變化之中，自然會有古詩未具的意趣。如「賞櫻」：

一蘘蘘如浪如濤澎湃的粉紅
一彎彎如玲如瓏別致的曲線
像不同時空的星群一齊閃爍
像林中交啼的鳥鳴同時迸濺
像多源的芬芳瞬間撲向鼻前
花在山林在原野上一片璀璨

前兩句以「一蘘蘘」、「一彎彎」與「如浪如濤」、「如玲如瓏」類疊的句型起筆，三、四、五句以譬喻的「像」深入描寫，末以「花在山林在原野上一片璀璨」小結。每句十二個字，句中的字詞有相仿、也有迥異，但因偶數句所押的韻，而使詩同時具有整致與錯落的美感。

㈡**參差同韻**：以相同的韻母做為詩的韻腳，以長短不整的字句鋪寫；詩句雖然參差，但在參差的偶數句中，卻有相同的韻腳，所以詩的趣味仍然濃烈。如「因為雪」：

親臨就成為天使
瞬間就進入永恆
酷寒的冬裡有期待的景
期待的景裡有逃逸的靈
今夜，七星山上萬籟俱寂
只剩人聲

第一節寫親臨雪地的心情，第二節寫身處雪地的喜悅，第三節寫人們的歡呼；兩句一節，偶句押韻，參差的字句對於詩意全無妨礙。

三、平仄與聲韻

平聲可以表達輕鬆或舒緩的語氣，仄聲則有強化或短促的效果，詩採平聲或仄聲、甚至平仄通押，並無一定的標準，只要以詩的意涵來調整句的聲韻即可。如平聲的「下雪」與仄聲的「松鼠」：

曾目睹冰山刀削斧鑿磅礴臨逼的壯麗
曾親履冰原與天相從始終綿亙的無極

曾下臨冰河並上抵山頂直探大地的源起
在紐西蘭南島在蘇格蘭高地在奧地利的大鐘山上處處驚奇
有如翡如翠的森林、如波如濤的峰巒的臺北
相見無期（下雪）

第一小節的前三句以「曾經」寫其記憶，末以交代地點小結；第二小節回到現實，寫臺北未能下雪的遺憾。二、四、六句以國語的平聲「ㄧ」韻來押，詩意蕩漾。

遠離泥土
藏身於參天的林木裡
哨著
一旦溜回大地
暴露自己
危險就得閃避（松鼠）

以跨韻腳的方式，將詩分為兩節；前寫藏身樹上、後寫溜回大地的情形。二、四、六句以國語的仄聲「ㄧ」韻來押，詩在短截的仄韻之中，頗有警示的意味。

四、介音與聲韻

相同的韻母是否含有介音一ㄨㄩ，在古韻的分類上，並不屬於同一韻。韻含介音，在聲韻或詩意的感覺，當然會有一些不同；但新詩對於韻的要求並不嚴格，所以韻中只有一種介音、數種介音或介音、非介音同時並存，都是很常見的情形。如含有介音的「春信」與不含介音的「桃花」：

花在滿山遍野之間喧嘩
喧嘩而成熱鬧的音節
嫩白淺白雪白沸騰的白你呼我應
齊在枝頭聲嘶力竭
而料峭的春意
早已隨著輕拂的東風到處撒野（春信）

二、四、六句的節、竭、野，同押含有介音「一」的韻，因為韻中各有介音「一」，所以詩在聲韻拉長的作用下，「熱鬧的音節」、「聲嘶力竭」、「到處撒野」的詩意，自然擴散了開來。

瑟縮於冬的大地醒了
抖擻的春恣意如淌
將豔飄灑

嬌麗的花偎在蒼勁的樹上
迎著晨陽盛綻
盛綻一季粉紅的時尚（桃花）

二、四、六句的淌、上、尚，同押不含介音的「ㄤ」韻，因為韻中沒有介音，所以詩在分明的聲韻裡，已將眼前的桃景整個呈現。

五、篇中押韻類型

(一)全詩一韻：全詩只押一韻，讀來當然較為整齊；如能以韻做為小節的段落，一韻一個小節或數韻表達一個完整的意念，則更可口。如「鸚鵡」：

將春天的絢爛穿在身上
到處招搖
偏喜操著粗糙的口音
詰屈聱牙的學語學叫
話裡的意思不必理解
只要音像就好

講對也好，說錯也罷
性喜熱鬧的鳥
如果圍在身旁的觀眾夠多
就是成功的聚焦
是否還記得在澳洲山林裡鬥嘴的從前並不重要
因為人間一樣喧擾

首段寫鸚鵡粗淺的印象，次段以鸚鵡抒發「人間一樣喧擾」的感慨；詩以兩句一意、一意一韻的方式鋪陳，節奏明快。

㈡**部分押韻**：全詩只有一段或一部分押韻時，押韻與未押韻的字句，詩意是否可以上下相銜，音讀是否可以自然流暢，應該稍微注意。如「牡丹」：

花蕾輕輕一吐
彷彿沉睡的女孩睜開眼來
大地頓時清朗
花瓣全數展放
則像標舉青春奔放熱情的美女
冶與豔

到處漫行
是美冠群英、也是風姿綽約的花
人們把它畫在紙端懸於壁上
以為只要朝看夕瞧
富貴就能得償
然而纖弱的枝條已在豐美的花朵下
搖搖晃晃

首段以自由的字句，描寫牡丹生長的情形。二段以「ㄤ」韻描寫人們一致的期盼；上下段落之間，則以「是美冠群英、也是風姿綽約的花」承上啓下，因此詩句讀來並不突然。

(三)**段段轉韻**：有時為了詩意或情感的抒陳，而採取相應的韻腳；有時只是隨興的抒寫，並不刻意的要求，所以儘管段段押韻，但每一段所押的韻並不相同。如「帝雉」：

隱於山林之中
不想與人相爭

於是只在天色未明或夜幕將臨的晨昏
踽踽獨行

藍黑的羽翼裹著血紅的臉頰
鮮麗的長尾迤邐綿長的美感
尤其身上圈圈白色的尾環
更是耀眼

響在空谷的啼聲已經夠人回味
至於美麗如謎、偶從林間閃過
的倩影
則成傳說

首段以較低抑的「ㄥ」韻寫其隱祕的行蹤，次段以較明朗的「ㄢ」韻寫其鮮豔的美麗，末段則以人們圓形的嘴型「ㄛ」韻寫其稱揚，全詩以音表意、每一段所用的韻並不相同。

六、錯落押韻類型

㈠末兩句各自押韻：只有末兩句才押韻，詩韻並非全部；但讀到段末，就有濃厚的詩感。如「白鷺鷥」：

不理從前，不計未來
像雲
展開翅膀
在蔚藍的晴空之下飄蕩

把腳悠然的踩入水中
將蟲輕輕啄去
有牛相伴最好，沒有也無所謂
在清澄如鏡的水稻田裡
都是自己

遠遠望去
亭亭的雪白的蓮
朵朵盛綻歡顏

首段末兩句「展開翅膀／在蔚藍的晴空之下飄蕩」、二段末兩句「在清澄如鏡的水稻田裡／都是自己」與三段末兩句「亭亭的雪白的蓮／朵朵盛綻歡顏」各自押韻，詩意頓時萌生。

(二)各段末句押韻：韻只押在各段的末句，其餘通篇不見韻腳；讀者可以在遙相呼應的聲韻中，體會一種若有所覺的韻感。如「狐狸」：

形如殺戮戰場的森林
弱肉強食每天都在上演
逃
不是最好的方法

沒有孔武有力的軀體
只好運用頭腦
何況一身光澤亮麗的皮毛
猶如被詛咒的原罪
早已成為獵者覬覦的箭靶

如果是你
你將會更狡猾

一段「不是最好的方法」的「法」、二段「早已成為獵者覬覦的箭靶」的「靶」、三段「你將會更狡猾」的「猾」，均押國語「ㄚ」韻。以互相呼應的韻，照應彼此相貫的意，詩文自然深刻。

(三)**各段中間句與末句押韻**：只在各段的中間句與末句押上韻腳，韻在乍看無覺而又若有所覺的隱約中，點點詩意必將油然而生。如「淡水河」：

切開危巖峻崖
將爪無遠弗居的抓取
悠悠的水幽幽的流著
自濫觴的荒瘠沿著臺北盆地蜿蜒
文明，就在這裡成形
車水馬龍的路、鱗次櫛比的屋、熙來攘往的人
從此日夜喧妍

鮮嫩的綠草漫入水中輕漾

晴空的白雲浮於河面嬉遊
四周一片寂寧
只有偶而掠過水上的飛鳥
才將整個大地撥彈如弦
而矗立兩旁的樓企踵延頸
彷彿喜愛臨水自鑑的納西瑟斯
終日儘往河面俯瞰
俯瞰歌舞昇平的從前

多少胼手胝足的血汗渲成繁華的繽紛
多少酒酣耳熱的奢靡蕩進記憶的深潭
而今只能切切呢喃
一樣的河與不一樣的人一起踴躍
不停歇的流和著嶄新的文明同時洶湧
喜歡緬懷的人儘管歷歷如昨
但河照例向前

是臺北城生息的搖籃
也是臺北人甜蜜的糾葛
綿亙今昔呵護才甫三百餘年的臺北
始終又惜又憐
即使納入基隆河而成人字之形重返大海
河
依然頻頻回旋

首段「自濫觴的荒瘠沿著臺北盆地蜿蜒」、「從此日夜喧妍」，二段「才將整個大地撥彈如弦」、「俯瞰歌舞昇平的從前」，三段「一樣的河與不一樣的人一起蹁躚」、「但河照例向前」，末段「始終又惜又憐」、「依然頻頻回旋」，均押國語「ㄢ」韻，詩在穿插的韻中，隱隱的詩意淙淙潺潺。

(四)**小節與小節前後押韻**：全詩分成若干小節，每一個小節表抒一個完足的意念；全詩通押一韻，每一小節的末句就是韻腳；詩在意與韻兩相配合之下，旨趣自然鮮明。如「春山」：

儘管已經醒了

但滿山枯黃的倦容
依然慵懶
還來不及舒展的新
擠在枝梢探頭探腦
窺瞧這個素未謀面的峰巒

點點的綠綴在遍地的黃裡
猶如晴空噴薄的雲
沿著起伏有致的森林
將整個山頭點燃
遠眺才被點燃的山頭
彷彿浮在迷濛的春海裡蕩漾
蕩漾出一片迫不及待的盎然

隱隱約約又歷歷分明
不是久旱忽逢甘霖的狂喜

而是始終繫念的熟悉
再次來到跟前
沒有漠然突兀的冷澀
滿眼都是親切的怡然

春
已在大地招展

第一段第一節末句「依然慵懶」的「懶」、第二節末句「窺瞧這個素未謀面的峰巒」的「巒」，第二段第一節末句「將整個山頭點燃」的「燃」、第二節末句「蕩漾出一片迫不及待的盎然」的「然」，第三段第一節末句「再次來到跟前」的「前」、第二節末句「已在大地招展」的「展」，同押國語「ㄢ」韻。以小節為主，每一小節前後相押，詩的意趣自然分明。

口誦是讀，翻閱也是讀；詩要順口，音韻就得和諧。不可否認押韻的詩較為規矩，但只要讀來清暢自然，韻不韻並非重點。有人以工整的字句模仿古韻，有人以錯落的字句採用今語，更多作者則全然的自由、隨興的抒發。與其字斟句酌、逢韻必押，讀來油腔滑調；不如吐訴自然、深入淺出，讀後令人會心而有所感。當然，如能兩者兼俱，則是上品！

（華文現代詩21期、2019年5月）

六、新詩的意境

文字表達出來的內容，叫做文意；以文意形塑出來的境，叫做文境或意境。意境是文字給人整體的感覺，是作品呈現紙上的風采，也是作者從事創作預期的理想，或在無意之中營造的境界。

意境雖然經由形塑，但形塑出來的意境，卻須自然天成，不管情或境、意或象，都得在此境中渾然而成一體。意境雖然因人、因文而有所不同，但凡是足以使人欣賞或陶醉的意境，都得力求境的完足與意的一致。因為唯有完足的境，境才能具有鮮明的主意或盡而不盡的美感；唯有一致的意，境才能使人與物、時與空得到和諧且相融的安排。詩文抽象的境，可以具體分為下列四種：

境在境中：以文意形塑一個自足、完整，不假外求的境，境中的意象鮮明，不必再藉讀者的想像，彌補作品並未完足的部分，叫做境在境中。如「無尾熊」：

> **澳洲的國旗／掛在枝上／飄搖／長長的爪／代替尾巴／將樹緊緊抱住／整天安心的睡覺**

「澳洲的國旗」，寫無尾熊是澳洲的代表動物，看到無尾熊，就會使人聯想到澳洲」;「掛在枝上／飄搖」，寫無尾熊住在樹上的習性;第一節以概說的方式寫無尾熊。「長長的爪／代替尾巴／將樹緊緊抱住」，寫無尾熊的尾巴很短，指爪很長，因此常以指爪代替尾巴抓住樹幹;「整天安心的睡覺」，寫無尾熊每天在樹上睡覺的時間很長;第二節具體描寫無尾熊生活的情形。本詩雖然分為前後兩節，但兩節均以無尾熊做為主題，從實體寫到象徵的意義，而自成一個屬於無尾熊的完足的境。

境中有境：以文意形塑的境，不但境能自足、完整的呈現，而且從此一大境之中，可以清楚看到鏡中至少還有一個與此相融的境;或在表層的境內，作者寫入可以多解的意或象，而使境中還有更深意涵的境，叫做境中有境。如「馴鹿」：

馴鹿／站在渾圓的山頂／抬起頭來／渾圓的天／破了兩個小洞／馴鹿的角／歧成一座森林

「渾圓的天」與「渾圓的山頂」，一大一小，是本詩自然的境。馴鹿「抬起頭來／渾圓的天／破了兩個小洞」與「馴鹿的角／歧成一座森林」，兩點一座，則是本詩人為的境。人為的境站在「渾圓的山頂」上，「渾圓的山頂」則在「渾圓的天」的覆蓋之下。以「渾圓的天」為主境的境中，還有一境「渾圓的山頂」;境中有境，正是本詩的特殊之處。

境在境外：文意形塑出來的境，境中的意或象，又從此境向外延伸出更遠、更闊而仍然屬於此境的境；或以文意形塑出來的境，作者已在作品之內，布上可供讀者據以想像的點，讀者循著這些線索，可以用自己的想像，完足文中含蓄未吐或不便明說的意象（而非任憑讀者自由遐想），叫做境在境外。如「阿勃勒」：

點點耀眼的花／彷彿數以萬計的晨陽在微風的吹拂之下／爍爍閃閃／而黃色的美麗早已沿著蔚藍的晴空／大方開展

滿樹盛開的花，好像數以萬計的晨陽閃閃爍爍；不停的閃爍，無盡的蔓延，於是在此境之上，又有「而黃色的美麗早已沿著蔚藍的晴空／大方開展」的境外之境，正在恣意的展延。

境外有境：文意形塑出來的境，不僅能夠自足、完整的表達意象，而且還在此境之外，形塑一個相關而不相含的境，叫做境外有境。如「企鵝」：

鑽出大海的細痕／被波浪追趕上岸／不是黎明／卻挺著魚肚的白／自東邊升起／一路搖搖擺擺／天地也晃動了起來

「鑽出大海的細痕」，指企鵝從海浪之中鑽了出來；「被波浪追趕上岸」，指企鵝游回岸上，好像被波浪追趕似的；「不是黎明／卻挺著魚肚的白／自東邊升起」，指企鵝挺起白色的腹部上岸，有如太陽從東邊升起；「一路搖搖擺擺」，指企鵝行走時可愛的模樣；詩到這裡，已經形成一個以企鵝為主體的境。「天地也晃動了起來」，末句雖然緊承上文而來，卻已在企鵝海邊歸來完整的境上，形塑一個以人的感覺為主、以整個天地為主體的境，這是境外有境。

只要強化文字驅遣的能力，即使尺幅也能具有千里之勢；所以境的大小，與作品篇幅的長短並無絕對的關係。只要描寫或表達完足的意象，短短幾句也能形塑一個不俗的境，寫出一篇雋永的作品；當然，如果能夠寫好每一個境，且在境中另有境地、境外另有境界，則是每一個詩文創作者最大的期望！

（孔孟月刊494期、2003年10月）

七、再製與新詩

四言、五言、七言為主的古詩，由於時代的不同而有語言的隔閡，而有表達的差異，因此直接將古詩逐字逐句的翻成白話，就是語譯；將古詩的意涵，以現代的語體詩文敘述，就是改寫。如以古人、古詩為其內容，大量取用其人與其作品做為新詩文的主體、新詩文的主意，而重新組織、重新詮解、重新以語體的方式敘寫，表面上是新作，但如能把它視為古人、古詩材料的再製，則更貼切！

以古人、古詩為主體加以再製的新詩，通篇幾乎都以其人的際遇或其人的作品為主，作者只憑自己的方式或現代的技巧，刻意的加以穿插編組，因此舊的詩題、舊的詩句，也能富有新詩文的意趣。如蔣勳的酒歌：

是賈誼痛哭的年紀／是王粲登樓的年紀／要像李白一樣／笑入胡姬的酒肆／要像慷慨悲歌的辛棄疾／不恨古人吾不見／恨古人不見吾狂耳

賈誼因建請改正朔、易服色、制法度、興禮樂，未得文帝採納；又值梁懷王墜馬而死，自傷為傅無狀，憂傷抑鬱而卒，死時年僅三十三。王粲因董卓的餘黨到處作亂，所以前往荊州依附劉表；劉表未能重用，王粲懷才不遇之感，油然而生，所以在登臨麥城遠眺故鄉時，才有「雖信美而非吾土兮，曾何足以少留」的感嘆。「笑入胡姬的酒肆」，則直接取自李白前有樽酒行其二：「琴奏龍門之綠桐，玉壺美酒清若空。催絃拂柱與君飲，看朱成碧顏始紅。胡姬貌似花，當壚笑春風。笑春風，舞羅衣，君今不醉將安歸」的詩意。至於「慷慨悲歌的辛棄疾」，係將辛棄疾賀新郎中的「不恨古人吾不見，恨古人不見吾狂耳」摘錄引用而已。詩以賈誼的際遇與王粲、李白、辛棄疾的詩文為主體組合而成。又如淡瑩的楚霸王：

錯就錯在那杯溫酒／沒有把鴻門燃成／一冊楚國史／卻讓隱形的蛟龍／銜著江山／進入山間草莽／他手上捧著的／只是一雙致命的白璧

「錯就錯在那杯溫酒／沒有把鴻門燃成／一冊楚國史」，意取史記項羽本紀鴻門之宴，項羽未聽范增「急擊勿失」之言殺掉劉邦，而坐失踐阼為帝的良機。「卻讓隱形的蛟龍」，意取史記高祖本紀「其先劉媼嘗息大澤之陂，夢與神遇」。「是時雷電晦冥，太公往視，則是蛟龍於其上。已而有身，遂產高祖」。「銜著江山／進入山間草莽」，意取鴻門之宴「沛公則置車騎，脫身獨騎，與樊噲、夏侯嬰、靳彊、紀信等四人，持劍盾步走，從酈山下，道芷陽閒行」。至於「他手上捧著的／只是一雙致命的白璧」，則意取鴻門之宴「沛公已去，閒至軍中，張良入謝曰：沛公不勝桮杓，不能辭，謹使臣奉白璧一雙，再拜獻大王足下」、「項王則受璧，置之坐上」。詩僅以項羽、劉邦的生平為主體，組合而成。

以古人、古詩為主意加以再製的新詩，儘管作者曾以自己的看法、自己的手法重新敘寫古代的詩與人，但因詩的內容，仍以古人的經歷與作品為主，所以也應視為再製新詩的一種。如余光中的尋李白：

> **樹敵如林，世人皆欲殺／肝硬化怎殺得死你？／酒入豪腸，七分釀成了月光／餘下的三分嘯成劍氣／繡口一吐就半個盛唐／從開元到天寶，從洛陽到咸陽／冠蓋滿途車騎的囂鬧／不及千年後你的一首／水晶絕句輕叩我額頭／噹地一彈挑起的回音／一貶世上已經夠落魄／再放夜郎毋乃太難堪／至今成謎是你的籍貫**

「樹敵如林，世人皆欲殺」，摘自杜甫不見「世人皆欲殺，吾意獨憐才」。「肝硬化怎殺得死你」，意取李白將進酒「鐘鼓饌玉何足貴，但願長醉不願醒」等詩嗜酒之句。「酒入豪腸，七分釀成了月光／餘下的三分嘯成劍氣／繡口一吐就半個盛唐」，意取李白喜在月下獨酌、世稱李白為詩仙、詩俠，與李白為盛唐詩人之事。「從開元到天寶，從洛陽到咸陽」，意取李白的時代，及李白主要的活動範圍。「冠蓋滿途車騎的囂鬧」，摘自杜甫夢李白「冠蓋滿京華，斯人獨憔悴」。「不及千年後你的一首／水晶絕句輕叩我額頭／噹地一彈挑起的回音」，意取李白玉階怨「玉階生白露，夜久侵羅襪。卻下水晶簾，玲瓏望秋月」。「一貶世上已經夠落魄」，意取賀知章見李白之文，而嘆其為「謫仙人」。「再放夜郎毋乃太難堪」，意取李白依附永王璘，因受株連而長流夜郎。「至今成謎是你的籍貫」，意取李白可能是吉爾吉斯國人、如今仍然成謎的身世。通篇係以李白的詩與人為主，剪輯穿插而成新的詩文。又如洛夫的李白傳奇：

你原本是一朵好看的青蓮／腳在泥中，頭頂藍天／無需穎川之水／一身紅塵已被酒精洗淨

詩以李白家居綿州昌明縣的青蓮鄉，因此自號青蓮居士的「青蓮」為其主意，渲染而成整節文字。至於「一身紅塵已被酒精洗淨」，則意取李白一生嗜酒之事。

以古人、古詩為其主體、為其主意，加以剪輯、穿插、編組而成的新詩，因為大量、甚至全部採取古人、古詩的材料，所以通常用於歌吟古人或抒發懷古之情上。新詩的風格很多；再製，當然也是常見的一種。

（孔孟月刊557期、2009年2月）

八、一首詩的誕生

二〇一八年一月三日清晨五點多，照例出外運動；猛然抬起頭來，忽見今年最圓最大的滿月。走在月光朗照、疏影搖曳的小徑，眼睛緊盯已經西斜的明月，詩意不禁湧上心頭，於是寫了這首「被月亮曬黑了」。寫好之後意猶未盡，於是回溯寫詩的歷程，將其構思情形順筆記了下來：

首段從清晨的情境起筆，將初睹滿月「亮眼、耀眼、刺眼」的喜悅，及月光恣縱傾瀉、有如年少隨意揮灑的「青春」，逐一呈現眼前。

袪走冷冷的冬寒
飄灑寧謐的春氣

一、二句寫冬晨的情境：因為「驅」的對象較大、較為具體，不太適合抽象的寒氣，所以選「袪」而不用「驅」。「寒氣」上加一個「冬」字，不但可使語氣舒緩，而且還能與下句「春氣」的「春」字相映。月光由上而下，同在平面空間來回震動的「蕩漾」並不貼切，所以改用由上而下的「飄灑」二字。因為仍處冬天，春神尚未降臨，所以彷彿春夜料峭寂靜的清晨，採用「寧謐」來描寫。

亮眼、耀眼、刺眼的光
自猶如驚蟄的眼睜燃起

三、四句寫初睹月亮的印象：「亮眼」是令人眼睛為之一亮，「耀眼」是在眼前閃著光芒，「刺眼」則將光線強烈的刺進人眼。由初睹的亮眼、細看的耀眼到端詳的刺眼，是人直接的感受。如果各詞加上「的」字，而成「亮眼的耀眼的刺眼的光」，可能顯得冗長，反而直接以「亮眼、耀眼、刺眼的光」描寫較為順口。以春雷將冬眠動物驚醒的「驚蟄」，描寫人如冬眠聞雷的動物，才有突然把眼睜開的動感。以「燃起」極寫有如燃燒的月光，正在眼前閃爍，才有突兀而驚喜的畫面。

渾圓的恣縱的青春
滿天迤邐

五、六句以人的青春，寫月光朗照的情形：「渾圓的」就形體而言，指最大最圓的月；「恣縱的」就感覺而言，指月光四射的樣子。已經脫離稚氣的「渾圓」與可以隨興揮灑的「恣縱」，有如正值「青春」年華，不只上下、不只左右，而是瀰漫整個天空，所以在「渾圓」與「恣縱」下加上一個「的」字，使選用的「迤邐」更為蜿蜒，更能涵蓋全面。

次段從月亮本身著墨，將月光傾瀉的情景，及人在當下美好的感受一起入詩。

像熊熊的球蒸蒸騰騰
像失準的箭四處竄逸

七、八句寫月亮照射的感覺：光從渾圓如球的月射出，有如「熊熊」的火正在燃燒一般。「熊熊」的月從地上遠望過去，猶如躍動的火參差的向上跳動，所以用「蒸蒸騰騰」比喻。月光直向人眼投射，又多又快，所以用「失準的箭」比喻，而以「竄逸」描寫「失準的箭」。上句寫光在月上燃起的樣子，下句則以四面輻射極寫月光刺眼的情形。

不是溫柔而是熱情
不是破曉而勝似晨曦

九、十句寫人對月亮的印象：因為光在月上「熊熊」，且如「竄逸」一般的灑落；所以此刻最大最圓的月，不是人們平常口中的「溫柔」，而應以「熱情」來形容，這是虛寫。冬天清晨五點多，距離天亮還有一個小時，所以不是「破曉」，這是實寫。又大又亮的月，彷佛早上破曉的太陽，因此說「勝似晨曦」。

人在可沐可浴可游的月下
欣然披靡

十一、十二句寫人在月下的感覺：如果把光比喻為雨，月光就可以「沐」；比喻為水，月光就可以「浴」；而普照在如海的大地的月光，也就可以「游」了。「可沐可浴可游」的月光，可以靜佇、可以徜徉，人們有如草木迎風披靡一般，所以用「欣然披靡」描寫人們當下喜悅的心情。

首段從周遭的情境、對月亮做整體的描寫，次段純就月亮本身敘寫，三段則將人在此情此境的情思直接抒發出來。

沒有陽光卻把我曬黑了
在今年最大最圓的月裡

十三、十四句寫月光「亮眼耀眼刺眼」的情形：沒有陽光的夜晚，因為月光而明朗如晝；明朗如晝最大的誇飾，不是明察秋毫，而是具體的「把我曬黑了」。有動機才有情境，有情境才有情景，有情景才有情意，有情意才有情思。動機可以在詩端一筆揭明，也能若無其事的嵌在字句之間，但以後者為勝，所以在此點明「在今年最大最圓的月裡」。

久被緊裹驟然甦醒的心
隨著輕挪慢移的雲翩然展翼

十五、十六句寫內心的感受：月亮「把我曬黑了」之後，內在也必定有所感，才能使文字更為深刻。人在漫長的冬裡，心靈不得舒展，所以是「久被緊裹」；在特殊的月夜之下，不是每晚都能看到，所以是「驟然」；久蟄於冬而彷彿活躍了起來，所以是「甦醒」。以「緊裹」敘其苦悶，以「驟然」敘其驚喜，以形象化的「甦醒」敘其躍動的心情，意象比白描豐富多了。才剛「甦醒」的心，不會有馬上舉翼的動作，所以用優雅的「翩然」。與「翩然」最能一致的動作，當然不是舉翼，而是「展翼」。慢慢的把翼張開，如果想找個情境來相襯，最好就是月亮旁邊「輕挪慢移」的雲了。

而我迷醉的雙眼
則在月神黛安娜狩獵的林間細細尋覓

十七、十八句寫雙眼陶醉的情形：句端以「而」帶出下文，下句以「則」字相互呼應，可使詩文更為緊湊。地上的人仰觀天際的月，一定是用「雙眼」為美麗的情景所迷，自然就用「迷醉」一詞。詩末如果只是收結，可能顯得不夠開展，所以再將意界推向遙遠的希臘，擷取一點浪漫的傳說。黛安娜是月神，黛安娜喜歡在森林之間狩獵；在月下賞到「迷醉」、賞到聯想月神黛安娜時，眼睛自然會在森林之間「細細尋覓」了！

足以引起寫詩的意念，也許只是一個佳句、一個感覺，或一個強烈的感動。

本詩即因明亮的月，不但耀眼，而且刺眼；因如陽光一般的刺眼，所以想到月光也會將人的皮膚曬黑，而以「被月亮曬黑了」鋪寫成詩。又，新詩的形式自由，但也可以嘗試押韻；本詩除「不是破曉而勝似晨曦」的「曦」為平聲之外，全詩的偶數句均押「一」的仄聲韻。美景當前是一種喜悅，如想永遠保有這分喜悅，那就把它化為詩文吧！